ハーモニック・ライフスタイル

今を生きやすくする、自然と調和した暮らし方

河名秀郎
河名結以

河出書房新社

ハーモニック・ライフスタイル
今を生きやすくする、自然と調和した暮らし方　目次

第3章 ハーモニック・ライフスタイルのはじめ方と取り入れ方のはなし　河名結以

第4章 暮らしを楽しむ ハーモニック・ライフ・ピープルのはなし 河名結以

はじめに
自然と調和した暮らし方を知っていますか？

毎日、穏やかな朝を迎えられていますか？

目覚めもよく、すがすがしく、「あっ、今日も楽しい1日が始まるぞ！」とワクワクする、そんな朝です。

こうした素敵な朝を迎えられている方は、きっといつもイライラすることもなく、腹を立てることもない。ましてや、なにかにビクビクすることもなく毎日を過ごせ、夜は心配事などを抱えずにぐっすり眠れているからだと思います。

まさに、ストレスがない暮らしを送っているのでしょう。

でも、なにかと心配や不安にかられることが多い今の時代に、はたしてストレスと無縁で暮らせるものなのか、疑問に思う人もいるはず。

そこで、提案したいのが「ハーモニック・ライフスタイル」です。

ハーモニック・ライフスタイルとは、自分も自然の一部だと認識しながら、自然の流れや変化にあらがうことなく順応する、「自然と調和（ハーモニック）した」暮らし方です。ストレスフリーで、今の時代を生きやすくするライフスタイルです。

ハーモニック・ライフスタイルのヒントになったのが「自然栽培」です。

自然栽培という名称はあまり聞き慣れないと思いますが、肥料や農薬も与えずに、野菜や土が本来持つ力だけを頼りに栽培する日本発祥の農法です。

そんな栽培法で野菜が本当に育つのか、信じがたい話に聞こえることでしょう。でも、実際に自然栽培で育てられた野菜や果物を見ると、農薬を使っていないのに虫を寄せつけず、肥料を与えていないのにたくましく育っています。見た目もシュッとしてきれいで、味も抜群に美味い。収穫してしばらく経ってもみずみずしさを失わない、強いエネルギーを感じる農作物です。

僕、河名《かわな》秀郎《ひでお》は26歳のときにこの農法に魅せられ、日本の農業の将来を支えていくのはこれしかないと思って自然栽培の世界に飛び込みました。１９９１年にはナチュラル・ハーモニーという会社を起業し、自然栽培の食品を核にしたライフスタイルショップをネットとリアルの両面で経営しています。

こうして自然栽培と向き合っているうちに、「野菜も人間も同じだよ」と自然栽培の畑から無言の教えを得られるようになりました。野菜は自然と調和して生きている。人間も自然と調和して生きることができれば、自然栽培の野菜のようにたくましく生きることができるかもしれない。

さっそく自分自身で試すことにしました。


自然栽培では、植物に肥料や農薬といった不自然なものを与えません。「よしそれじゃ、添加物や化学物質といった不自然なものを口にしたり、肌に触れさせたりすることをやめよう」と身の回りを見直しました。栄養食やサプリメントも自然栽培から見れば肥料のようなものですから、一切口にしない。いわば、暮らしにいろいろなものを足すのでなく、逆に引いていく、**【足し算から引き算へ】**のシンプルな生活に改めたのです。

それから、自然栽培には**【闘おうとせずに受け容れる】**という基本精神があります。どういうことかというと、野菜がたとえ虫に食われ、病気になっても、それに対処しようとあれこれ手を打とうとしない。闘おうとはせずに、その現実を受け容れるのです。

自然栽培的な考え方では、「虫や病気を敵視するから警戒心が生まれ、襲われるのではないかという不安や心配が生まれる。そして退治しようと闘うから、次の闘いを生む」と諭《さと》してくれます。

これはきっと人間にも当てはまるはずと、病気に対して警戒心を持つことや闘うことをやめてみました。「病気になるのは、なにか理由や原因があるはず」と身体が不自然な状態になっていることを教えてくれるメッセージとして受け容れる。すると、病気への恐れがなくなっていったのです。気がつけば、自分の自然治癒力を信じて、**【病院にも薬にも頼らない】**暮らしを取り入れていました。

また、自然栽培の生産者は、「土の声、野菜の声に耳を傾けろ」と話します。土の状態や野菜の生育具合をよく観察しろという教訓です。まさに無言の教えです。

では、人間の場合はどうすべきなのか。

考えてみると、自分の身体がもっとも身近な〝自然〟。そこで**【自分の身体の声に耳を傾ける】**ことにしたのです。食べたいときに食べたいものを食べるし、体調が悪いときは無理をしないといった具合にどんなことにも制約がなく、身体が欲するままに行動してみました。

こうしたハーモニック・ライフスタイルの〝実験〟は、みるみる僕を変えていきました。まず日々の暮らしでストレスを感じなくなりました。イライラすることも、不安になることもありません。

不安や心配がなくなり、心にゆとりができると人間は怒らなくなるようで、ハーモニック・ライフスタイルを取り入れて40年余り、その間、人やもの、ことに怒ったことがありません。会社倒産の憂き目に何度も遭いましたが、心にいつも余裕があったので、挫《くじ》けることもありませんでした。

自然栽培の野菜がストレスなく育つように、ハーモニック・ライフスタイルで人間もストレスなく暮らせると、強い確信を手に入れたのです。

自分だけではエビデンスにはならないので、家族にも試してもらいました。息子が生まれ、翌年に娘が生まれると、僕はふたりに自分が実験してきたことと同じように、自然栽培を中心とした食事と医療に頼らない「自然栽培的育児」を施すことにしたのです。

そして今回、より具体的にハーモニック・ライフスタイルという暮らし方を伝えるために、当事者でもある娘の結以《ゆい》からの視点も合わせて紹介したく、一緒に本を出版することにしました。

少し照れくささもありますが、ぜひお読みいただきたいと思います。

河名秀郎

はじめまして、河名結以です。

前述の通り、私は自然栽培的育児で育てられました。いったいどんな育児だったかというと、一度も予防接種を受けたことがありませんし、発熱しても薬に頼ることはしませんでした。家で出てくる食事は自然栽培の食材が中心ですし、周りの友だちが受けた育児とはだいぶ違っていたかもしれません。

それでも不満やストレスなく生きられたのは、ハーモニック・ライフスタイルの理念を頭ごなしに押しつけられるのではなく、なぜ大切なのか、なぜ実践するべきなのか、その理由を父が丁寧に聞かせてくれたからです。そして、納得しながら判断力を身につけられたからだと思います。

また、完全な無添加・自然食生活ではなく、家の外では友だちと駄菓子店で売っているお菓子も食べましたし、ファストフードにも行きました。そのうち、ジャンクフードは美味しくないと感じて、自然と食べることがなくなりましたが。

自然栽培や無添加の食事を食べることがハーモニック・ライフスタイルと思われがちですが、頭で考えずに、身体が反応する「身体の声」に素直に従うことこそ、ハーモニック・ライフスタイルなのではないかと私は考えています。

そんな暮らしを送るうちに、私は「なにがあっても絶対大丈夫!」という安心した気持ちがぶれることなく、日々過ごしていることに気がつきました。これこそ、自然栽培的育児のお陰ではないでしょうか。

「こんなに楽に生きられるなら、ハーモニック・ライフをもっと広く知ってもらいたい」

これまで父が講演やセミナーで語ってきたこととともに、私が生まれたときから実践してきたこれまでの暮らしも一緒に伝えていけたらと思い、本づくりに参加することにしました。

本書では、ハーモニック・ライフスタイルとはどういう暮らし方なのか、そしてこの暮らし方でなにが手に入るのかをまとめています。そして、今の暮らしをより豊かにしながら、どのようにしたらハーモニック・ライフスタイルをはじめられるのか、そのはじめ方と取り入れ方を紹介しています。

また、私たちと同じようにハーモニック・ライフスタイルを楽しんでいるみなさんにも話を伺っています。

もし自然と調和した暮らし方に共感が持てるようでしたら、少しずつ自分の暮らしに取り入れてみてください。すべてをすぐに変えようとはせずに、ゆるりと変えていく。**【自分のペースで変えていく】**のも、またハーモニック・ライフスタイルのスタンスです。

すると、穏やかな朝が毎日、みなさんのところにもやって来るかもしれません。

河名結以

第1章

ハーモニック・ライフスタイルを思いついた自然栽培のはなし

河名秀郎

自然を尊重し、規範とし、順応していくという考え方

ではまず、ハーモニック・ライフスタイルが生まれるきっかけとなった「自然栽培」についてお話しましょう。

自然栽培、ちょっと聞き慣れない名称ですが、農法のひとつを指します。字のごとく「自然」な栽培をするものです。

このときの自然とは、「人間が余計なものを加えないし、余計なことをしない」。つまり、一般的な農業で当たり前とされてきた、肥料を与えたり、農薬をまいたりなどはしないことです。

土の中には細菌や菌類といった微生物が棲《す》んでいます。微生物は、動物の死骸《しがい》

や枯れた植物を分解して再び土に戻す役割を担っており、そこに生える植物が本来持っている力を十二分に発揮できるように、土の状態をいつも整えているのです。

そうした土や植物の、自らが持っている力を最大限に引き出して栽培するのが自然栽培です。虫を寄せつけないし、病気に侵されにくいので、農薬をまく必要もありません。

「肥料や農薬がなくては、野菜や果物は育たないのでは？」と思うでしょう。ちょっと信じがたいかもしれませんが、自然栽培で育てた野菜、たとえば大根はきれいな正円を描いて、葉っぱもうわっと放射線状に広がっています。ゆっくり生長するので密度も詰まっていて、手に持つとずっしりと重たい。なにより、食べるとみずみずしく甘く、調味料などを使わなくても美味しい食事が簡単に出来上がります。

同じ植物でも、山の樹々や野原の草たちは誰も肥料を与えていないのに毎年育ち、実をつけます。誰も農薬をまいていないのに虫の被害を受けたり、病気になったりしません。あったとしても人間の目に映るほどではありません。種を落とし、翌年には新たな芽を出します。

なのに、どうして人間が関わる農作物だけこうした手間がかかるようになったのか、考えてみると奇妙な話です。

生長を早くしてたくさん採れることを目指した

これは農作物を効率よく、安定的に収穫するために人間がいろいろ考えてきたからでしょう。

化学肥料は窒素、リン酸、カリウムの三大要素で構成されています。化学肥料を使えば、野菜や果物の生育スピードを速め、豊富な収量を採ることができます。農薬で確実に虫をやっつけることができれば、天候には左右されますが、毎年の収穫量や出来具合はだいたい予測できるようになりました。

ただ、こうした効果があれば、どうしても反作用や副作用があるものです。危険性がすでに知られている農薬に比べると、その怖さがあまり伝わっていないのが肥料かもしれません。

肥料が揮発すると「亜酸化窒素」という気体になります。この亜酸化窒素は、実はオゾン層を破壊する要因と話題になっている二酸化炭素の、なんと３１０倍の温室効果があることがわかっています。

また、窒素は土の中で微生物に分解されて、野菜はそれを「硝酸性窒素」という状態で土壌から吸い上げます。この硝酸性窒素は、人間が食べることが多い野菜の葉っぱや茎にたまる傾向があります。それを口にした人間が肉や魚といった動物性タンパク質を一緒に摂取すると、驚くことに発がん性物質に変化すると言われています。「野菜をたくさん食べていれば大丈夫」とはいかないようです。

まだまだあります。施された肥料は土壌に蓄積し、地下水にも混入するなどこちらでも深刻な環境問題を引き起こしているのです。

僕たちは効率を追求した代わりに、空気、そして大地や水というかけがえのない命の元を破壊し、大きな代償を払わざるを得なくなっていると言っていいでしょう。

ありのままの自然ではなく、自然と人間がコラボする

自然栽培の田んぼや畑は微生物の活動がさかんで、なおかつ土の温度がスムーズに伝わるため、土の中に手を入れてみるとなんとも柔らかく、ほんのりと温かい。でも、いったん肥料を与えてしまうと土がどんどん冷えて、そして固くなる傾向にあるようです。

たとえば、冬の時期に雪が降るととてもわかりやすい。自然栽培の畑の雪は土が温かいせいかすぐに解け始めます。対して、自然栽培でない畑は冷たいので、

いつまでも雪が残っています。

こうした肥料を使っていた畑では、すぐに自然栽培ができるわけではありません。肥料を使ってきた年数や投入量にもよりますが、畑から肥料分がある程度なくなるまでに10年ぐらいはかかる覚悟が必要です。土が自然の状態に戻り、その地にマッチした農作物を栽培すれば、肥料や農薬を使う一般栽培と変わらないほどの収穫が可能になります。

よくあるのが、「自然栽培は土地を耕さないし、草も取らない野生のまま」と誤解されていることです。確かに、肥料や農薬を使わない生産者で、そうした放任主義を貫いている人もいますが、僕らが支持する自然栽培は自然界の調和を崩さずに人間が手を添えていくもの。だから、ありのままの自然を保つ野生でもなく、昔ながらの方法に回帰するものでもありません。

あえて言うなら、「自然と人間がコラボレーションする農法」でしょう。

僕たち人間が生存し続けるための食糧を生産する場が農地であり、「人工の場」

と言っていいかもしれません。その農地で永続的に生産性を維持できるように、状況に応じて土地を耕すこともするし、草も抜く。発芽にエネルギーが向かうように葉っぱや枝を落とすこともしています。

「自然尊重」「自然規範」「自然順応」の3原則で自然と向き合う

そうした自然と向き合うときに、自然栽培では「自然尊重」「自然規範」「自然順応」という3つの考え方を大事にしています。

「自然尊重」とは、僕らが自然界に生かされていることを認識して尊重することです。人間は自分たちの力で生きていると勝手に思っていますが、実は大自然の枠組みの中で、あくまで生かされている存在。

なので、自分よがりにならずに、野菜や米を「食べさせてもらって、はじめて生きることができる」という感覚です。

「自然規範」は、自然から学ぶ姿勢です。たとえば、自分がこの野菜をここに植えたいのではなく、この土地にはどの野菜が相応しいのかを優先する。野菜の原産地はどこで、どういう気候風土を好んでいるかをしっかり知った上で田畑に反映させていきます。

キャベツは地中海沿岸の冬の産物です。この地域は潮風が吹いていて、気候は温暖系なので、関東地方だと神奈川県の三浦半島や千葉県の銚子あたりがキャベツを栽培するのに適しています。

当然、夏場になったら生育が難しくなります。しかし、スーパーの野菜売り場を見ればわかるように、キャベツは1年中、並んでいます。彼らが好まない時期でも、品種改良を含めて強制的につくるとなると、より肥料や農薬が必要になってくる。これには無理があるのです。肥料がなくても元気に育つ旬のキャベツを、旬のときに楽しむだけで十分ではないのでしょうか。

最後の「自然順応」では、人間の都合に合わせるのではなく、自然の法則に沿うことです。自然に合わせていけばどんなこともスムーズに運ぶことを自然界が教えてくれます。

土には人間のような個性があって、土の中で生息する微生物も違ってきます。つまり、そこで育つ植物には向き不向きがあるのです。田んぼだったところで野菜を育てようとしてもなかなか上手くいきません。田んぼの土は雨水を溜めやすい粘土質で、その上、土の下には人間がつくった水を止める盤のようなものがあって水が溜まる構造になっている。なので、乾燥を好むタイプの野菜を育ててもあまりいい結果とはならず、場合によっては根腐れを起こしてしまいます。

自然界と向き合っていると、「どこでもなんでも育つ」と思うのは、人間の勝手な都合だと気づかされるのです。

土の質や状態を調べると、山の土は果樹などを育てるのに向いているし、野菜や麦は野原系の土と相性がいい。沼地を応用した田んぼは稲が最適です。そうしたそれぞれの土や野菜たちの声をきちんと聴いていくのが自然栽培です。

自然栽培では他の土地からなにも持ち込まないのが基本です。唯一持ち込めるのは種。その種から植物が育ち、実をつけ、その場で枯れるという循環が繰り返されていきます。

「大往生をしたい」という思いが自然栽培につながった

自然栽培は日本発祥の農法で、昭和10年（1935年）頃に産声を上げました。提唱したのは、岡田茂吉（1882－1955）という宗教家です。岡田自身は農民ではなかったのですが、自らの仮説を実際に栽培して確かめたり、野原に生えている雑草の姿や山の樹々たちを見たりして、自然観察的に考えたのでしょう。ただ、宗教家が唱《とな》えたということで、信者の間では実践されていたものの、長らく陽の目を見ませんでした。

昭和20年代となり、岡田茂吉が『自然農法解説』という本を出版しました。当時は「自然農法」と呼んでいましたが、これが現在の「自然栽培」です。53の事例を載せるとともに、自然栽培の世界観をつづっています。この本が出たことで、信者の枠を超えて世に広がっていきました。その頃の記録によると、「自然農法の生産者は数万人いた」と書かれているから、凄い勢いで増えたのがわかります。

この盛り上がりに、昭和29年に農林省（現在の農林水産省）に勤務する有志が「自然農法研究会」をつくって研究を始めています。昭和30年代には「自然農法普及会」という組織も誕生し、各都道府県に支部を置いて大々的に普及活動が進められました。

背景にあったのが、有機栽培から切り替える生産者が多かったことです。当時の有機栽培では主に人糞を肥料にしていて、その手間が大変でした。大腸菌が人間に悪さをする大腸菌問題も社会問題になっていた中、「人糞をまかなくても済む」と多くの生産者が自然農法に飛びついたのです。しかも、収穫量も「5年で5割増収」と言われ、画期的な農法と持てはやされました。

ところが、そんなピークもつかの間、昭和30年代には化学肥料が売り出されました。日本の基幹産業であった製鉄業の生産工程で、廃棄物として出てくる硝酸を化学肥料にリサイクルできたために、大量に安い値段の化学肥料が出回ったのです。しかも「翌年から倍の収穫量が期待できる」とあって、生産者がこぞって乗り換えていったようです。

まさに、大量生産大量消費の時代の始まり。自然栽培は時代にそぐわないものとして、表舞台から徐々に姿を消していったのでした。

姉の壮絶な死で、食べるものへの探求が始まった

実は、僕が16歳のときに4歳上の姉を骨肉腫で亡くしました。

両親は懸命に延命させようと、手術を繰り返したり、抗がん剤を投与したり、いろいろな民間療法にも取り組みました。でも、「痛い」「苦しい」と本人は訴えるばかり。最後には頼みの綱の痛み止めも効かなくなり、見るのも忍びない姿と

なりました。今思い出しても、５年間に及ぶ闘病生活は、それはそれは壮絶で悲惨なものでした。

この姉の死に直面した僕は、「人間の死の尊厳などないじゃないか」と憤ったものです。

「自分もこうして死んでいくのか」

「できれば、別の死に方はないのだろうか」

そんな自問自答を繰り返すうちに、健康に寿命をまっとうして、自宅で家族に見守られてこの世を去る、いわゆる「大往生をする」ことが僕にとって重要なテーマとなりました。まだ10代だったにもかかわらず、早くも最期を考えるようになったのです。

ちょうど昭和50年代初頭から、食品添加物のリスクがニュースなどで取り沙汰されるようになり、「食べ物が身体をつくる」と言われ出したころ。今では当たり前の話ですが、その時代では新しいフレーズに聞こえ、僕自身はかなり感化されたのを覚えています。

そこでいろいろ調べ始めました。スーパーで売られている食品にはどんな添加物が使われているのか、そして原料はどういうものなのか、そもそも原料をつくっている現場はどうなっているのか。調べていくうちに、農薬の存在を知り、大量に農薬が散布されている農産物の実態を知って驚きました。

「なんでそこまで農薬をまく必要があるのだろう」

その答えを探そうといろいろな本を読み漁っている中で、岡田茂吉の『自然農法解説』に出合ったのです。

自然栽培の考え方を自分が広めていこう

大学を卒業して、いったん自然食関連の仕事に就《つ》いたのですが、「肥料や農薬を使わない農業がある」と教える岡田茂吉の本のことが気になって仕方がない。

「書かれていることが本当なのか。それを確かめるためには実際に体験するしかない」

そこで会社を辞め、自然栽培の世界に飛び込みました。ちょうど26歳のときです。

そのころでは、自然栽培を続けている生産者は全国でせいぜい20人足らずだったでしょう。ようやく探しあてて、「住み込みで働かせてください」と頼むと、研修にやって来る人などいなかったのですごく珍しがられました。だいたい自然栽培を知っていることに驚かれました。

1年間の研修は、まさに驚きに次ぐ驚きの連続でした。

一般栽培の生産者は「農薬がなければ農業はできない」と言い張るのに対し、自然栽培では虫がいないし、病気にもかかっていない。まさに岡田茂吉が考え、説いたことが現実に起こっていることを目撃したのです。

研修を終え、生産者になる選択肢もありましたが、このまま自分も生産者に落ち着いてしまったら研修期間に味わった強烈なインパクトがほかの人たちには届かない。

そこで僕が選んだのは、ポンコツトラックを購入して自然栽培の野菜を販売する移動販売でした。別に八百屋をやりたかったわけではなく、自然栽培のことを伝えていく手段として選んだのです。ところが、肥料を使わない農産物の価値がまったく理解されない時代。当たり前ですが、街行く人たちには見向きもされませんでした。

そんなとき、東京・世田谷の下馬の精米店から店の一角を使っても構わないと言われました。引き売りではうだつが上がらなかったが、店を出せば少しばかり市民権が得られるかもしれないと常設の店を構えたのです。

ところが現実はそう甘くはない。開店してもまったく売れず、やればやるほど苦しくなっていく感じでした。それでもあきらめなかったのは、「自然栽培の世界観を広め、世の中の常識をひっくり返すことが自分のミッションだ」と当時の僕は自分だけやたら熱くなっていたからだと思います。

誕生から90年、自然栽培にようやくスポットが当たる

2000年に入って、そんな自然栽培にも新たな風が吹き始めました。

ひとつのきっかけとなったのが、生産者向け月刊誌『現代農業』（農文協）で2005年に「うわさの『無肥料栽培』とは」という12ページの特集が組まれたことです。

もともとは、青森県弘前市で11年かけて無肥料無農薬のリンゴ栽培に成功した木村秋則さんと全国を巡って、自然栽培の普及活動をしていたのがことの始まりです。その活動を知った『現代農業』から「肥料を使わない栽培方法などあり得ない。農家を惑わすことはやめてくれ」というクレームが入ったのです。

そこで雑誌の編集者を自然栽培の現場に連れて行き、生産性が上がっている事

実を見てもらうことに。すると、その編集者が逆に自然栽培に興味を持ち、特集を組んでくれたのです。

これがきっかけで、ようやく生産者が自然栽培に関心を持ってくれるようになりました。ちょうど、生産者自身が農薬によって健康被害を受けることが社会問題にもなっていた時期だったので、余計に波紋が広がったような気がします。

また、リンゴ農家の木村さんも、2006年にNHK総合テレビ番組『プロフェッショナル 仕事の流儀』で取り上げられました。その話は『奇跡のリンゴ』(幻冬舎)という本にもなり、映画化もされました。これで一般の人も自然栽培を知ることとなりました。

こうして自然栽培は、化学肥料・農薬を使う一般栽培、そして有機肥料・認定農薬使用可能な有機栽培とは異なる、第3の選択肢として浮上することとなったのです。

自然栽培の食品を中心にしたライフスタイル店を経営する僕の会社、ナチュラル・ハーモニーでは、自然栽培の普及の一環として自然栽培全国普及会を組織し、全国の生産者をネットワーク化して活動しています。現在約１５０人の自然栽培の生産者と取り引きをしています。

なにより嬉しいのが、若い世代で新たに農業を始めようとする新規就農者が自然栽培を志していることです。環境問題への意識の高まりや食の安心安全に対する警戒感など、自然栽培に今、フォローの風が吹いています。

90年前の登場は、むしろ時代としては早過ぎた概念だったのでしょう。90年の時を経てようやく認められたというか、時代が自然栽培に追いついてきた。ある意味、これからは日本の農業を支えていく根幹になるのではないかと僕は期待しています。

「身体にいい」イメージのオーガニックにちょっと迫る

自然栽培とよく比べられる、「有機栽培」。一般的にはオーガニックのほうが聞き慣れているかもしれませんが、この栽培法について話をすることにしましょう。

僕のセミナーに参加する人たちの間でも、「昔ながらの農法」とか、「身体にいい野菜」、「美味しい野菜」とオーガニックへの好感度が高いです。安心安全はもとより、どこか豊かな暮らしをサポートしてくれる食品という雰囲気も漂わせています。実際、商品の品質にこだわりを持つ自然食品の店や高級スーパーでは、オーガニックの商品が勢ぞろいしています。

周りに並ぶ商品より多少高くても「オーガニックだから安心」と思って買っている人も多いのではないでしょうか。

でも、イメージがちょっと先行し過ぎているように僕は思っています。また、よく耳にするわりに、その実態があまり知られていない点も気になります。ここで正しく説明していきましょう。

自然界にあるものなら安心とは言えない

有機栽培は自然栽培と似たようなものと思うかもしれませんが、大きく異なる栽培法です。有機栽培とは、「有機肥料と有機ＪＡＳ認定農薬を使用可能な栽培法」と定義できます。工場などで化学的に生産された、即効性の優れた化学肥料を使う一般栽培とは違うし、肥料や農薬を使わない自然栽培とも明らかに違います。有機ＪＡＳ認定農薬については、後ほど説明します。

有機肥料は大きく、「動物性肥料」と「植物性肥料」に分けられ、いずれも自然界にあるものを原料とした肥料です。「自然界にあるものなら安心」と思いがちですが、実際はそうとも言えない要素が垣間見えています。

植物性肥料は、土にすき込む緑肥《りょくひ》作物や刈った草をどちらも生のまますき込むものと、落ち葉や大豆かす、油かす、米ぬかを微生物で発酵させた「ぼかし肥料」が主だったものになります。一方、動物性肥料は、牛や豚、鶏などの糞尿《ふんにょう》を発酵させたものです。どちらかというと、窒素分が多い動物性肥料のほうが農作物の生長が早くなるので、よく使われています。

以前は糞尿を肥料にする場合は生で使わず、肥溜めや堆肥《たいひ》場をつくって長い時間かけて発酵・完熟させていました。含まれている窒素分や不純物を空気中に放散させて、虫や病原菌を呼び込まない工夫だったのです。

ところが、今はそこまでの時間はかけられないからと生で使う生産者や、化学培養された微生物資材を使い、早ければ1週間、通常でも3〜6か月という短い期間でつくって畑に入れてしまう人が多いようです。

こうした有機肥料はしっかり熟成されていないので、病害虫が寄ってきます。道端に落ちている糞尿に虫がたかるのと同じです。

さらに、糞尿自体も少しばかり怪しい。というのも、糞尿の主である牛や豚に抗生剤やホルモン剤といった化学物質が使われていたかもしれず、その成分が糞尿に紛れることもあるからです。

また、どんなエサを食べていたのかも影響してきます。最近では遺伝子組み換えのトウモロコシや大豆などをエサにするのが一般的です。

遺伝子組み換えとは、生物の細胞から特定の遺伝子を取り出し、植物などの細胞の遺伝子に組み込んで新しい性質を持たせる技術です。研究室で人為的に行うことなので、今現在は明らかな影響が出ていなくても、この先どんなことが発生するのか誰もわかっていない。まさに安全性がまったく担保されていないのです。

それをそのまま肥料として使っていいのか、僕は疑問を感じています。

加えて、前にも触れたように、肥料の窒素分は有機であっても土の中で微生物に分解され、硝酸性窒素になり、投入量によっては、化学肥料同様にリスクが高いと言っていいでしょう。

それで問題となるのが、有機肥料は「化学的なものではないから安全だ」と効果を出すために、ついついたくさん投入されがちになることです。より発がん性のリスクを高めるとともに、土壌や地下水の汚染をさらに進めてしまっています。

肥料を使うと農薬が必要となる負の連鎖

かつて有機栽培と言えば、肥料は植物性堆肥が中心で、農薬不使用が当たり前でした。

ただ、動物の糞尿を中心にした肥料を使い始め、さらに商業ベースになってからは事情が変わってきました。糞尿の肥料を与えると、野菜は生長に必要な窒素を硝酸性窒素という状態で土壌から吸い上げますが、野菜に窒素が多めだとそこをめがけて虫が寄ってきます。肥料をまけば、雑草もたくさん生えてきます。

こうなると、虫たちにせっかくの収穫物が食べられてしまうので、農薬を使わざるを得ない。農薬を使うか使わないかが、有機栽培生産者の生産量や収入面に大きく影響するようになったのです。

２０００年に農林水産省が有機農産物の規格である有機ＪＡＳ（JAPANESE AGRICULTURAL STANDARD の略）規格を制定しました。これに基づいてつくられた農産物は有機ＪＡＳマークがつけられ、有機やオーガニックを表示することができるようになりました。この有機ＪＡＳ規格では当初から認定農薬を定めて、その使用を認めています。

つまり、農薬を使っていても、有機農産物であることをうたえるようになったのです。しかも、有機ＪＡＳ規格では農薬を使っても報告する義務がないので、一般の人はスーパーで見ても農薬を使っているかどうかがわかりません。おそらく昔の有機栽培のなごりで「有機だから農薬不使用だろう」と勝手に信じて買っている消費者も少なくないでしょう。

使える農薬は化学系ではなく、生物系とはいえ、当初18種類だった認定農薬は毎年その数が増え、現在は30種を越えています。この先もさらに増える予想で、有機栽培の「農薬不使用神話」は完全に崩れています。

枯れる野菜と腐る野菜がある

栽培方法が異なる同じ野菜が、時間の経過でどのように変化していくのかを見比べるために、「野菜の腐敗実験」というのを行ったことがあります。キュウリやニンジンなどの野菜をカットして、煮沸したビンに入れ、フタをして観察するものです。

すると、化学肥料と農薬を使った一般栽培の野菜と、動物の糞尿による有機肥料を使った有機栽培の野菜は腐るのに対し、肥料も農薬も使わない自然栽培の野菜は腐らずに発酵していったのです。

フタを開けて中の臭いをかいでみると、一般栽培の野菜からはケミカル臭が、有機栽培の野菜からは糞尿のような臭いがしていずれも不快感のある悪臭でした。

一方、自然栽培の野菜からはほんのりと甘い香りがして、試しに食べてみるとキュウリは発酵して漬物になっていました。

自然栽培の野菜は発酵して漬物になって僕たちを楽しませてくれるけれど、一般野菜や実験に使った有機野菜は見た目も臭いもひどく、五感が受けつけません。

こうした差はなぜ起こるのでしょうか？

山や野原を見ても、生えている木や草はどれも枯れて、朽ちて、土に還っていきます。いわばこれが自然の状態なのです。対して人間が関わった植物は枯れたり発酵したりするプロセスをたどることなく腐ってしまう。ちょっと異常です。

この違いは、ほかでもない肥料分が原因と僕は考えます。化学にしろ、有機にしろ、その肥料の質や量によって野菜は腐っていくようです。

いろいろ実験を重ねると、粗悪な動物性堆肥を大量に投与された有機野菜が一番早く腐っていく傾向がありました。「身体にいい」というイメージの信ぴょう性がどんどん疑わしくなっていきます。

腐る運命にある野菜を原材料にした加工食品で、保存料や酸化防止剤が必要になってくるのも納得できます。それらに酸化防止剤を入れないと品質が保てないので、添加物に頼るしかないのです。

たとえば、一般栽培ないしは粗悪な有機栽培の大根を漬物にするとき、品質を維持するためにかなり強めの塩分に漬け込みます。しかし、そのままではしょっぱ過ぎるので塩抜きをすることになるのですが、大根の旨味も一緒に抜けてしまうそうです。そうなると味も素っ気もなくなるので、アミノ酸調味料を足し、保存目的で酸化防止剤を使うといった具合に、添加物に頼らざるを得なくなります。

一方、自然栽培の大根は品質が損なわれることがないので、塩分も程良い濃度で漬け込むだけでいい。このような野菜で加工品をつくるときは、添加物を使わなくても済むのです。野菜自体の味もしっかりしているので、アミノ酸調味料も要りません。あれこれ、足し算をする必要がないのです。

僕はそれが理想だと思って、自然栽培の原料を使った加工食品の開発をしています。現在はまだ100品目ほどですが、いつかそれらで店を埋め尽くしたいと思っています。

ファッション的なブームに踊らされない

オーガニックはこれまで何度かブームがありました。

元々、日本より海外が先行していて、アメリカでヒッピーが登場した60〜70年代の頃がおそらく第1次オーガニックブームと言えるでしょう。そのころは日本でも「日本有機農業研究会」が発足し、90年代になると街にある普通の青果店でもオーガニックのシールを貼っただけの「なんちゃって」的な便乗商法もまかり通っていました。まさに、本物と偽物が入り乱れる感じでした。

このあと、有機ＪＡＳ規格が制定された２０００年前後に第2次ブームが盛り上がりました。アメリカやヨーロッパでの環境運動の高まりがきっかけとなり、日本の街には自然食品店がたくさん登場するようになりました。

ちょうど海外のセレブやモデルたちが暮らしにオーガニックを取り入れる、オーガニック・ライフスタイルが注目を集め出し、日本の意識の高い女性たちがその暮らしぶりに飛びついた。このころから「オーガニックは身体にいい」、「環境に優しい」というイメージが芽生え、徐々に定着するようになったと思います。

10数年前からは、穀物や野菜を中心にしたマクロビオティックといった食事法がポピュラーになり、玄米菜食など、なにをどうやって食べるのかといった「食べ方」に関心が向けられるようになりました。これが第3次ブームとして大きなムーブメントとなり、現在につながっています。食品メーカーやスーパーがこぞってオーガニックの商品を出し、商品棚にグリーンのラベルが目立つようになりました。

そう考えると、オーガニックはいつの時代も「舶来感」をともなってオシャレ感を放っています。今は、環境意識のトレンドとも言えるエシカルと相まって、ひとつのファッションにもなっています。

その流れは素晴らしいと思うのですが、どこか実態とかけ離れてしまっているような、言葉だけがフワフワと浮遊しているように感じることがあり、だからといって、オーガニック・ライフスタイルを否定しているのではありません。みんなが目指す「暮らしのゴール」みたいにとらえられているところに、僕は多少違和感を持っています。

だからこそ今、ハーモニック・ライフスタイルという別の暮らしのステージがあることを提案したいと思っているのです。

自然栽培の「自然界の調和」という考え方

肥料をまくから虫が寄ってくるのですが、岡田茂吉は著書で、「病原菌や虫に侵されるのは、自然界の秩序の乱れがあったから」と説いています。

これはどういうことかというと、自然界にそもそも存在しない肥料という不自然なものを田んぼや畑に投入したことは「自然界の調和」に反してしまった。こうした乱れが起こると、それを元に戻そうとする力、いうなれば「自然治癒力」が働くというのです。

病原菌や虫の出現は、バランスが崩れた自然を元にもどしていく「浄化作用」であるという考え方はかなり観念的ですが、僕にとっては妙に腑《ふ》に落ちるところがありました。だってそう考えると、起こっている現象がどれも単純でシンプルに見えてくるし、道理にも当てはまるからです。

「虫は野菜にとって不自然である肥料を分解しにやって来て、役割が終わると、最終的にはいなくなる」

肥料を使わない自然栽培の世界では、土が自然の状態に戻れば野菜に虫が寄ってこないばかりか、その野菜が病気に侵されることもありません。土が自然に戻っていく途中経過においては、虫に葉が食いつくされても、その後で新しい芽が出てきて復活し、収穫できたケースがありました。このように自然と調和していけば、おのずといい結果がやってくるのです。

「そんなのウソじゃないの」と誰もが思うでしょうが、自然栽培の農地ではそれが当たり前で、実際僕も自然栽培の生産者のところで泊まり込んだ1年間の研修期間で、そうした驚きの事実をよく目の当たりにしました。

さらに、土壌から肥料分が抜け、農作物に適した土となると、雑草も生えにくくなります。これにもかなり驚きました。

「虫も雑草も敵ではない」「虫や病気が発生するのは浄化作用」という自然栽培の発想に僕は引き込まれ、完全に魅せられました。これが自然栽培を普及したいと思い立った理由です。

闘おうとせずに受け容れ、土の声、野菜の声に耳を傾ける

だから、たとえ虫がやって来ても、闘うことをしません。

一般栽培や有機栽培ではまずは目の前の敵をやっつけようと対処します。農業をやっていれば虫や病気に襲われるのは宿命だと思い、なんで虫が来るのか、なんで病気になったのかを追求したりしないのです。

一方、自然栽培の発想では植物は虫や病気に侵されないことを前提にしていています。「虫や病気に侵されたのはなにか原因があるはず」と、あえて闘わずにその状

況を受け容れる。そして、その原因を探って解決しようとしていく。

自然栽培の生産者は「土の声、野菜の声に耳を傾けろ」と語ります。土の状態や、野菜の生育具合をよく見て、不自然なことはないか、知らずに自然との調和を崩してはいないかを観察する。あったなら、それを元の姿に戻そうと虫や病気が発生したんだと納得して、次なる収穫期に向けて動き出すのです。

闘おうとするから、虫や病気への警戒感が生まれ、また襲われるのではないかと不安や心配を抱くことになる。受け容れるという姿勢は、そうした警戒感をなくし、不安や心配を取り除いてくれる。これまでつきまとっていた不安や心配から解き放ってくれるのです。

善いか悪いかではなく、「自然か、不自然か」

自然栽培では、「自然界のすべての存在に役割がある」と教えてくれます。

よく、害虫や益虫、それに雑草という言葉を耳にしますが、これは人間が勝手に呼んでいるだけ。自分たちの都合で、役に立てば「益」だし、被害を被《こうむ》れば「害」としているだけです。

自然栽培を学んでいくと、善いか悪いかという判断軸はなくなり、ただあるのは「自然か、不自然か」です。

では、こうした「自然か、不自然か」の考え方をベースにしながら、いよいよ自然と調和するハーモニック・ライフスタイルについて話を進めることにしましょう。

第2章
今を生きやすくする　ハーモニック・ライフスタイルのはなし

河名秀郎

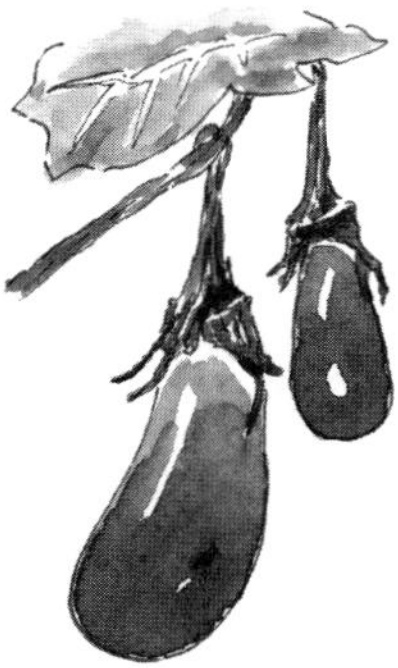

そもそも自然と調和するとは、どういうこと？

昭和の初めごろまで、日本人は自然が織りなす四季に順応しながら暮らしていたのではないでしょうか。食事は四季に応じて、旬の野菜を食べてきました。夏になればトマトやナス、ピーマンといった果菜類を、冬になれば大根、ニンジン、ゴボウなどの根菜類を1年で一番美味しい時期に楽しみました。

身にまとう服はもっぱら絹や麻といった自然素材です。湿気の多い時期は通気性が良く、汗などを吸水し、寒くなり乾燥してくると身体を包み込んで保温保湿機能を発揮してくれる。そして住む家は材木と土の壁でつくられ、中に入ると植物由来の畳や障子、襖《ふすま》に囲まれる。そうした自然の部材は季節に応じて適度に温度と湿度を調整してくれる天然のエアコンディショナーのような機能を持ち合わせ、１年中心地よく暮らせる環境がしっかりと保たれていました。

まさに、当時の日本人は自然に寄り添い、自らも自然の一部であることを自覚していたように思います。自然物に囲まれ、自然の変化に呼応する。意識せずとも、生活で触れる衣食住においては自然と調和（ハーモニック）して暮らしていたのです。

便利な暮らしは自然との調和を崩してしまった

ところが、戦後の日本は高度経済成長とともに自然と調和する暮らし方に距離を置くようになってしまいました。暮らしをもっと便利に、もっと快適に、そしてもっと効率良くしようとそのあり方を大きく変えていったのです。

農業は化学肥料と化学農薬を使って飛躍的に収穫量を伸ばし、食品の加工品は長く持って見映えもよくするために添加物を大量に使い始めました。着る服は価格が安く、絹の代替品として登場したナイロンをはじめとした化学繊維が主流となり、住環境では材木に代わって新建材が、土壁に代わってセメントやビニールクロスが使われるように。本来あったはずの機能は追いやられ、空調設備でコントロールするように変わっていきました。

気がつけば、身の回りの生活用品から自然なものが姿を消してしまった。いつしか人間は自然からの恩恵を忘れ、自然とは距離を置いた暮らしがスタンダードとなり、むしろ自然を自由に扱えると思ってしまったのです。

その結果がどうでしょう。人間の経済活動と社会活動がより一層地球温暖化を早め、気候変動や環境破壊を重大化させているように見えます。日々生まれる廃棄物の処理も大変だし、それが更なる汚染を生んでいる。化学物質が暮らしのあちこちに存在するようになり、僕らの健康にも影響を及ぼそうとしています。

その結果生じる健康への不安や精神的ストレスによって、日々の暮らしではすぐにイライラしたり、なんでもないことに腹が立ったりもします。どうも、穏やかな朝が迎えられない環境に多くの人が置かれているような気がしてなりません。

「だったら、今の時代に合った『自然と調和した暮らし』ができないだろうか？」

そんな暮らしのデザインのヒントが僕の頭をもたげてきたのです。

「野菜も人間も同じだよ」と自然栽培が教えてくれた

目の前に答えがありました。

僕が魅せられた自然栽培の野菜たちはどれも生き生きとしています。肥料や農薬に頼ることなく、自然と調和しながら生きることがこれほどまで美しく、そしてこれほどまでストレスフリーにたくましく生長できるのか、と感心させされます。

そうした野菜たちを見ているうちに、心の中で、自然栽培の考えやスピリットを人間の暮らしにも応用できないかと感じるようになったのです。

考えてみれば、野菜も人間も同じ自然界の生物です。

「きっと、できるはずだ！」

こうして僕の、自然栽培的な視点や考え方を暮らしに取り込んで、実践しながら確かめる日々が始まったのです。「本当かなぁ」と半信半疑ながらも、実験のような毎日を重ねていくうちに次第に手応えを感じ、何度か試すたびにそれが「やっぱり！」という確信に変わっていく。そんなひとつひとつの体験をまとめ、ひとつの暮らしのあり方となったのがハーモニック・ライフスタイルです。

人間の身体に棲む微生物と共生する

自然栽培では肥料や農薬、微生物資材など、その場に存在しない不自然なものを一切土に入れません。それは土の機能を阻害させないためであり、「生きている土」を維持するためです。

土の中には様々な細菌や菌類といった微生物がその場の必要に応じて生息しています。彼らは枯れた植物を分解し、再び土につくり上げていきます。また、根を分解する際には、そこに空気や水が流れる空洞をつくり、土の新陳代謝を促進してくれます。まさに、「生きている土」の立役者です。

彼らの働きを人間がコントロールすることなく、いつも通りにしてもらう。そうして、その環境にマッチした野菜が本来の力をのびのびと発揮していくという、シナリオです。

実は人間の身体にも同じような微生物がいて、常在菌《じょうざいきん》と呼ばれています。みなさんもご存じのビフィズス菌や乳酸菌といった腸内細菌がその代表例です。でも、それ以外にも口の中や、皮膚の表面に棲んでいる菌も常在菌の一種です。

皮膚に張りついている常在菌は汗や皮脂を食べて活動しながら、皮膚をガードする働きをしています。皮膚は脳、消化器に次ぐ「第3の脳」と呼ばれており、身体の水分が失われることを防ぎ、体温を調節するなど人間にとって大切な機能を持つ最大の臓器です。その皮膚を常在菌が守っているのです。

菌というと、目に見えないし、すぐにばい菌だと思い込んで「殺菌だ、除菌だ」とコントロールしようとする傾向が今の世の中にはあります。でも、そもそも菌に善い悪いというのはないと僕は考えています。それぞれ必要があって存在しているのであって、一方的にやっつけようとするのは人間の勝手な思い込みで、「殺菌＝清潔で安心」、「無菌がいい」といつの間にか勘違いをしてしまった結果かもしれません。

自然栽培的な考え方では、殺菌は自然界との調和を崩す要因となります。本来は常在菌がストレスなく棲めて、自分を守ってくれる環境を整えておくことが大切なのです。むしろ彼らの働きを邪魔せず、大切にしないと、自然と調和する暮らしの根幹が崩れてしまいます。

なので、ハーモニック・ライフスタイルではまず自分の暮らしを見つめ直し、常在菌と共に生きる環境と状態をいかにつくり、保っていけるかという視点で暮らしのあれこれを改めていく必要があります。

「足し算から引き算へ」の暮らし

そのひとつが、身体の中の常在菌のバランスが崩れないようにするために、食品を見直すこと。肥料や農薬、それに添加物など不自然なものが入っていないかというポイントで商品を選んでいきます。

食品以外でもたとえば、歯磨きでは合成界面活性剤という化学物質を使っている歯磨き粉だと口の中にいる菌の状態を狂わせ、口の自然を壊すことになります。なので、僕はもっぱら水だけ、気分によっては塩を使っています。

皮膚については、直接皮膚に当たるところは気をつけておきたいです。下着などは綿や麻、絹といった常在菌が居心地の良い自然素材にするのがおすすめです。

また、そうした下着を洗う洗剤はやっぱり自然なせっけんです。

そして、清潔感を保つ生活習慣も少しばかり見直す必要があるでしょう。洗顔料は殺菌力が高いので、肌をガードしてくれる菌まで根こそぎ洗い流してしまうし、手洗い習慣もちょっと気になります。薬用成分のあるせっけんで手を洗うことが学校など公共的な場で奨励されていますが、なんだか洗い過ぎのように思えます。

新型コロナウイルスが猛威をふるっていたときは、手先のアルコール消毒があちらこちらで強要されましたが、ハーモニック・ライフスタイル的にはあまり歓迎しません。

というのも、最近の医学の研究で各部位にいる常在菌たちは互いにネットワーク化していることがわかってきているからです。つまり、どの菌もつながっていて、皮膚で殺菌をすると、身体の中の菌にまで影響するらしいのです。特定のウイルスや菌を退治しようと思ってやっていたことが、自分の菌全体を弱め、結果自分自身も弱めることになっていたら、それこそ本末転倒です。

こうしたハーモニック・ライフスタイルを実践していく上で必要な情報は、詳しく第3章でまとめています。全体としては「足し算から引き算に」暮らしを切り替えていくことと言えます。

考えてみれば、僕らの暮らしはあれもこれもと随分といろんな「もの」や「こと」を足してきました。より便利に、より快適に、より効率良く暮らそうと、いろんな商品を購入し、いろんなサービスを受けて、それらを暮らしの中に取り入れてきました。

健康や美容への意識が高い人は日頃からそれらにいいとされる栄養学に則《のっと》った食事を摂り、それでは足りないからとサプリメントを補充し、保湿のためにと常在菌が嫌うスキンクリームを塗る。加えて、定期健診している病院で処方される薬を常用しています。

でも、これは少しばかり過剰になっているような気がしてなりません。自然ではない、不自然な「もの」や「こと」も同時に増えてしまい、それがむしろストレスフルな暮らしにつながっているように思えます。

自然と調和する暮らしは、そうした暮らしの中で増えてしまった不自然な、いわば余計な「もの」と「こと」をひとつひとつなくしていく。そんな引く作業が求められます。要るか要らないか、残すか残さないかの決め手は、自然かどうかです。添加物や合成界面活性剤、化学繊維、接着剤、そのほかの化学物質などなど、自然界にはない不自然な「もの」と「こと」をどんどん暮らしの中から取り除いていきます。

そうした引き算で生まれた、いわばシンプルな暮らしがハーモニック・ライフスタイルで手に入ります。

頭で食べるのではなく、五感で食べよう

戦前、戦中、そして戦後すぐまでは、日本人にとって食事とは「腹で食べる」もので、とにかく、お腹を満たすことが最も優先された時代でした。それが豊かな時代になると、とたんにグルメ志向となり、料理の盛りつけや彩り、ボリューム感といった見た目重視の「目で食べる」スタイルに変わりました。

そして、２０００年ごろからは健康志向が高まり、健康を保つために栄養バランスを考え、栄養のあるものを食べる食事スタイル「頭で食べる」時代が続いています。

ベースになっているのが、戦後海外から入ってきて広く一般に浸透した栄養学

です。栄養学を基本に毎日の献立を考え、自分や家族の体調管理をするようになったのです。

でも、自然栽培の世界に置き換えると、栄養学は肥料学のようなもの。多くの日本人が効果効能を期待してせっせと栄養学を取り入れている様子は、まさに土に余計な肥料を大量に与えていることと同じように僕の目には映ります。

土に肥料をまいていくと土が本来持っている機能が麻痺して、退化してしまう。であるなら、人間においても肥料と同じ栄養学をこのまま受け入れていると、自分たちが本来持っている機能を損なってしまうのではないかという心配が募ります。

日本人の身体と食事がちぐはぐになっている

そもそも日本の食文化が急激に西洋化し過ぎてしまって、そのひずみが出てきたように感じます。

たとえば農林水産省のデータによると、１９６５年から２０２０年にかけて国民１人当たりの小麦の年間消費量は３kg増えたのに対して、お米は60kg以上減少しているというから驚きです。それだけ小麦に偏った食文化になっています。

自給率から見れば、お米は１００％というか、余っている状態ですが、小麦はたった15％程度でほぼ海外依存と言っていい。余っているお米の消費は減少するばかり、なのに輸入に頼るしかない小麦の消費は拡大しています。

なぜそこまで小麦に偏《かたよ》ってしまったかというと、戦後、日本の占領政策を取り仕切ったＧＨＱがパン食を奨励したことが引き金になっています。アメリカ国内で生産される大量に余った小麦をさばかなければならない、というお国事情が影響してか、日本人の学校給食にパンが導入されたのです。そして同じ理由で、脱脂粉乳や牛乳も給食に出るようになりました。

そもそも日本人はお米という粒を食べて、消化して、それを活力にしてきた民族です。いわば「粒食文化」に適った身体になっていたところに、無理やり「粉食文化」を押しつけられてしまった。

確かに、小麦は料理のバリエーションを広げ、食事を豊かにしてくれました。でも、いいことばかりでなく、品種改良を重ね過ぎてタンパク質が変容してしまった結果、新たに小麦アレルギーを発症する人が増えていると言います。このあたりは、小麦自体のアレルギーなのか、品種改良や農薬によるアレルギーなのか明らかになっていませんが、いずれにしても粒食文化をベースにしてきた身体が急激に西洋化し過ぎたためのちぐはぐなのかもしれません。

こうした小麦に偏っていく食文化は、今後見直していく必要があるのではないかと僕は考えています。

動物性タンパク質にも落とし穴があった

当時持ち込まれた栄養学の柱になっていたのが、動物性タンパク質と油脂（脂質）です。「高タンパクは高栄養」と僕らは教え込まれてきましたが、こちらもひずみを生んでいる要因なのかもしれません。

油炒めも戦後のＧＨＱの栄養指導の一環として、キッチンカーによる「フライパン運動」が繰り広げられました。小麦、そして同じく余った大豆を処理する目的で大豆油を使用するフライパン調理法が広く浸透し、いつしか西洋的食文化を手軽に家庭で楽しめるようになりました。ただ、その回数が多くなり、油の量も増えていくと、元々脂の摂り過ぎは日本人の体質には合っていないので、肥満などの不具合がいろいろ現れるようになりました。

動物性タンパク質に関しては、畜産物のことが気になります。とりわけ牛です。

本来草を食べる動物ですが、現在のエサはトウモロコシと大豆などの穀物飼料が中心になっています。放牧をすると、牛1頭が1年間で1ヘクタールに生える草が必要になってしまいますが、穀物飼料なら狭いスペースで大量に飼育できるメリットがあります。

また、穀物飼料だと成育も順調だし肉質も安定してきます。乳牛だと、乳脂肪分が上がり、お乳を出す量も増えていきます。生産効率が良くなるのですが、どこか無理やり感があって不自然です。

しかも、今や穀物は海外由来の遺伝子組み換えが主流になっています。

ちなみに、海外では欧米を中心にして、そうした家畜のストレスや苦痛の少ない飼育環境を目指そうとする「アニマルウェルフェア」の動きが広がっています。日本でも早くそうした動きが活発になればいいと願っています。

数々の「栄養ブーム」にほんろうされてきた

「納豆で血液がサラサラになる」

「ヨーグルトで腸活をしよう！」

考えてみると、これまでずいぶんといろいろな栄養の摂り方がブームとなり、そのたびに特定の食品が注目を浴びてきました。

納豆の場合は、あのネバネバに含まれるナットウキナーゼが血液中の固まりである血栓を溶かす働きがあり、血液がサラサラになると言われています。

でも、ナットウキナーゼは分子構造が大きく、そのままでは体内に吸収されません。アミノ酸に分解されてはじめて吸収されます。このアミノ酸は血液をサラサラにする効果はありません。だから、納豆をたくさん食べても血液がサラサラになるとは限りません。

腸内細菌の善玉菌と呼ばれる乳酸菌を摂ろうと、ヨーグルト人気にも火がつきました。ヨーグルトが美味しいからというより、健康維持のために多くの人が飛びついたのでしょう。朝食にヨーグルトを食べることが定番になったご家庭も多いと思います。

しかしこちらも残念ながら、口から摂り入れた乳酸菌は腸には届かないようです。胃で消化する際に分泌される胃酸によって、乳酸菌は腸に届く前に死んでしまう。僕たちの身体は菌が腸まで届かないように設計されているとしか思えません。腸に棲む先住の菌たちがよそ者の菌の侵入を防いでいるかのごとくです。

これだと、いくらヨーグルトをたくさん食べても腸内の乳酸菌は増えていかないことになります。ちなみに、最近では腸まで届くように工夫した乳酸菌商品も出回るようになっていますが、人間はどこまで自分という自然に逆らうのでしょう。

そもそも腸内細菌は生まれたときに母親から譲り受けるもので、その後生涯をともに過ごす大切なパートナーみたいな存在です。ヨーグルトを食べて乳酸菌を足そうとするより、腸内で元々の先住の菌がスムーズに働くための食事を摂るほうがはるかに理に適っているように僕は思います。

また、身体をアルカリ性に保つことで健康になれると、アルカリ性食品も注目を集めたことがあります。ただ、医学的には身体の中で赤血球や肺、腎臓などが酸とアルカリを調整していると言いますから、アルカリだからとか、酸性はやめておこうとかあまり神経質になる必要はないようです。食事レベルで身体をアルカリ性や酸性とかにそんなに作用させることはないし、作用したらかえって大変なことになってしまうでしょう。

そういえば、酵素を多く含む食べ物を生で食べる、「ローフード」という食べ方が何度かブームになりました。生野菜は別にいいにしても、お米まで生で食べる人がいました。お米は炊いてはじめて美味しくなるのに、「酵素が生きているから」と生で食べてしまう感覚には驚きました。

もっと驚いたのは、小麦粉をそのまま口にしている人もいたことです。日本人は前に触れた通り、粒食文化だったため、粉食文化の西洋人に比べると唾液の量は半分ぐらいしかないようなので、生の粉は相当つらいはず。それなのにやってしまうのは「酵素が生きているから、身体にいいんだ」と考えるからです。頭で考えてしまうと、ときには苦しい食べ方でも無理してやってしまう。これも考えものです。

食べ物は生で食べて美味しいものもあれば、火を入れて美味しくなるものもあります。栄養素ばかりにとらわれていると、そうした美味しく食べる喜びを見失ってしまう気がします。

もっとも、専門家に言わせると、酵素もナットウキナーゼ同様、アミノ酸に分解されて身体に吸収されるものなので、一生懸命酵素を目的になにを食べようがあまり意味はなかったことがわかります。そういう意味では、僕はこれからの時代は「頭で食べる」習慣から、「五感で食べる」習慣の時代に変わってほしいと考えます。

数字でとらえることができないなら、感性でとらえる

最近、生体物に含まれる代謝物全体を解析できる「メタボローム解析」という新たな技術が登場しています。この解析をかけると、今まで見えていなかった無数の栄養素が検出されるとのことで、「これまでの栄養学がひっくり返るかもしれない」と語る研究者もいるほどです。

つまり、これまでわかっていた範囲はごく一部であって、本当の栄養素はもっと奥行きがあって全体像はそれこそ計り知れない。人間が感知できる世界ではないのかもしれません。僕ら人間はわかった気になっているけれど、実のところはあまりわかっていなかったとも言えるのです。

となると、これまでの栄養学をそのまま当てにしていいのかという話になりま

す。僕はそこにそこまでとらわれる必要はないと思っています。細かな検査結果の数字にこだわるより、自分の感性でとらえてみたほうが自由で楽しい。

ということで、あれこれ考えて頭で食べることをやめて、「五感で食べよう」というのがハーモニック・ライフスタイルです。

五感で食べるとは、野菜の色や形、料理の色合いやツヤを目で（視覚）、味を舌で（味覚）、香りを鼻で（嗅覚）、食材を手で、食感を歯と舌で（触感）、自分にとってそれらが必要なものか否かを感覚的にキャッチすることです。そうした五感で食べて、食文化をもっと自由に楽しめばいいのではないでしょうか。

食べるときには、栄養のバランスはもう追いかけなくても構わないでしょう。栄養学は現時点での分析の結果であって、この先解析が進めば進むほど、まったく違う答えが出てくるかもしれませんから。

自然栽培の「土の声、野菜の声に耳を傾けろ」という言葉は、土の状態や野菜の生育具合をしっかり観察しろという教訓です。

これは人間で言うと、もっとも身近な自然である「自分」の「身体の声に耳を傾けろ」となるのでしょうか。

のどが渇いたときは「水分補給をして！」という身体のサイン。甘いものやしょっぱいものを食べたいのは身体が欲しているからでしょう。そして、食欲がないときは食べなくてもいいという身体のシグナルであって、だるいのは動いてはいけないというお知らせなのかもしれません。

だから、それに逆らわずに従ってみるのが良さそうです。「甘いものやしょっぱいものは病院から止められている」と我慢するより、僕なら自分の身体の声を素直に聞き容れるほうを選びます。「身体のため」というのははずして、塩分も油脂も糖質も気にしない。

気にすることと言えば、それが自然か不自然かということ。それを前提に「食べたいものを、食べたいときに、食べたいだけ、食べる」。それが僕のスタイルです。

お腹が空くと「グーッ」という音がします。それは胃の消化する仕事が終わった合図で、新たな食べ物を入れてもいいという説もあります。そして、そのタイミングには、自然となにか食べたくなるので、食事をします。すると、とても美味しく感じます。「空腹は最高の調味料」と言われる所以《ゆえん》はそこにあるのではないでしょうか。

とにかく、自分という自然に対してもあらがわないのが、ハーモニック・ライフスタイルの基本です。

病院にも薬にも頼らないで暮らす

自然栽培では農作物が虫に食われたり、病気に侵されたりしても、農薬をまこうとはしません。病原菌や虫をやっつけるためにあれこれ手を打たず、現実をそのまま受け容れる。そして、土や野菜の自然治癒力に頼ってみるのです。

いつも自然栽培に取り組む生産者は、「闘おうとせずに受け容れる」という自然栽培のスピリットがぶれることなく、どんなときでも貫いていきます。

「野菜も人間も同じ」

そんな発想から生まれたハーモニック・ライフスタイルは、「野菜たちが病原菌や虫に侵されずに元気に生きられるなら、人間も自然のままで元気で生きられるはず」と自分の力を信じ、自分の自然治癒力に頼ることを基本にしてきました。

風邪をひいて病院で処方される解熱剤、そして風邪のウイルスにはまったく効果がないと言われるも処方される抗生物質はいわば殺菌剤だし、野菜にとっての農薬となんら変わらないと思うのです。なので、ハーモニック・ライフスタイルとして仮説を立てて、日々の暮らしにハーモニック・ライフスタイルを取り入れ始めた僕はこの40数年の間、「病院にも薬にも頼らない暮らし」を続けています。

別に無理して病院に行かなかったのでも、薬を飲まなかったのでもありません。その必要を感じなかったのです。人並に病気にかかりましたし、新型コロナウイルスが流行していたときは、1週間ほど高熱を出して会社を休みました。病院に行かないし、検査もしない主義なのでわかりませんが、症状からしておそらく感染していたのではないかと思います。

でも、いつも病気と闘う姿勢ではなく、自然治癒力を信じてなにも処置をしない放置療法を基本にしています。たいてい、ただ寝ているだけです。ウイルスに感染すると毎回、体温が40度ぐらいまで上がるのですが、それがピークなのでしょう。一気に大汗をかいて熱ががくんと下がっていく。そして、みるみるうちに平熱に戻り、活力がわいてくる。こういう経験を何度も繰り返してきました。

毎回、風邪が治った直後にやってくる爽快感というのですか、すっきりした感じはとても気持ちよく、「身体の中の大掃除が終わったなぁ」と感じる瞬間です。

「風邪は万病の予防」が自然栽培的解釈

自然栽培では、農作物が虫や病気に侵されるのはその理由が必ずあるとしています。第1章でも触れましたが、自然栽培を提唱した岡田茂吉は「病原菌や虫に侵されるのは、自然界の秩序の乱れがあったから」と説いています。

自然界にそもそもなかった肥料という、不自然なものを田んぼや畑に入れて自然界の調和を崩してしまった。そのため、病原菌や虫が出現して不自然な肥料を分解して自然を元の状態に戻そうとしている。

ならば、人間が病気になるのも、なにか理由や原因があるはずです。僕は、ハーモニック・ライフスタイルを試し始めたころに、「病気は身体が不自然な状態になっていることを教えてくれるメッセージである」と考えるようにしました。

一般的には、風邪をひくと「風邪は万病の元」と警戒しますが、自然栽培的には「風邪は万病の予防」ととらえるのです。

医学の父と言われた古代ギリシアの、ヒポクラテスの言葉にこんな一節があります。

「患者に発熱するチャンスを与えよ。そうすればどんな病気でも治してみせる」と。また、「私に熱を出す力を与えてください。そうすればすべての病気が治ります」と神に祈ったそうです。

この真意は、取り込んでしまった不自然な異物を取り除くための手段が「発熱」という作用であることを示唆しているように思います。

人間が風邪にかかると発熱が伴いますが、そのプロセスとして血液中の白血球がそのウイルスを処理しようと動き始める。36・5度ぐらいの平熱だと活動は弱いのですが、37度に上がるとやや活発となり、40度まで上がると白血球の処理活動がピークを迎えると言われます。

ウイルスによって熱が上がると思っていたのは錯覚で、ウイルスを処理するために自らの体温を上げることで、結果的に体内の異物を熱で溶かして排泄しようとしているのが真実なのかもしれません。

講演やセミナーなどが多い僕はのどを酷使したのが原因か、ある日発熱をともなってのどに炎症が起きました。気道がふさがるほど腫れて痛くて唾も飲めないし、声も出せない。さらに呼吸もしにくい症状に見舞われました。

「次の講演が迫っている。このまま長引いたらどうしよう」

「ひょっとしたら、このまま呼吸ができなくなって死んでしまうのかも……」

いろんな思いが頭をよぎりましたが、そのとき「炎症は浄化作用」ととらえ、ただただ我慢をしました。

先ほど、風邪はピークが過ぎると一気に元気になる話をしましたが、そのときも同じようにピークを超えた瞬間、一気に改善する経験をしました。辛かったのは1～2日ぐらいで、ピークを迎えると、驚くことにのど内部の腫れていた部分が破裂したのでしょう。膿《うみ》のようなものが口いっぱいに広がり、その瞬間ウソのように気道は通り、痛みも消え、声を出せるようになったのです。そうして無事に、講演を行うことができました。

病気をポジティブにとらえると、不安がなくなる

こうした病気のピークを超えて完治していくことを、僕は「ピークアウト」と呼んでいます。通常はピークを迎える前になんらかの処置をすることで炎症（浄化作用）を止めてしまいます。熱を下げる行為も、たとえ氷枕でさえもピークに

行かせないための処置になります。しかし、熱を下げても身体はまたピークに向かおうとする。それが「ぶり返し」です。

僕もその昔、症状を抑えることに対してはなにも疑問すら持たず、それによって治るものだと信じていました。ところが、自然栽培を通じて、症状を抑えることと症状が治ることとはまったく別物であることに気がつき、治療行為はその場をしのぐ役割であって、根本的な治癒には到底行き着けないことを知ったのです。

病気になり、治るという一連の出来事は、いわば体内にたまっていた老廃物や毒素を身体の外に出そうとするデトックスのように思えてなりません。

なにより、このように「病気や症状は浄化作用」と考えることで、とかくネガティブだった病気が一変して、ポジティブなものに感じます。「病気や症状は自分の不調和を解消するプロセスだ」と頭で理解するだけで、病気になることへの不安がなくなるような気がするのです。

医学の父、ヒポクラテスは、「病気とは浄化の状態であり、症状とは身体が引き起こす防衛手段である」とも語っています。2000年以上前にすでに病気に対するこうしたとらえ方もあったのです。

ここで再び、自然栽培のスピリットである「闘おうとせずに受け容れる」を思い出してください。病原菌やウイルスをやっつけようとするから、病気に対して警戒心が生まれ、またかかるのではないかという不安や心配が生まれる。病気を調和が乱れているメッセージと受け容れてその原因を正し、そして症状は身体の浄化作用と思えば、警戒心も、不安や心配も感じなくて済むかもしれません。

コロナ禍を経て、多くの人が以前にも増してウイルスや菌に対して恐怖心を抱いているようですが、ハーモニック・ライフスタイルを取り入れることができれば、ずいぶんと楽になるのではないでしょうか。

そして、病気への不安や心配がなくなるだけで、今の時代をとても生きやすくしてくれると思います。

日本人は海外と比較しても、保健衛生の水準が高く、「病院好き、検査好き、薬好き国民」と言われています。今、病気で苦しんでいる方にとって、病院にも薬にも頼らない暮らしは難しいかもしれませんが、少しずつでも生活を見直して、病気の原因を解決していく道筋も同時につくってほしいと思います。

闘病がなくなると、検査もいらなくなる

病気と闘うことをやめると、あえて闘う材料を探さなくてもよくなります。「病気は早期発見」というフレーズをよく耳にしますが、僕自身は、健康診断にその価値を見出していません。

だいたい、検査をして数値が悪いと病院であれこれ言われます。すると、なんだか病人にでもなったような気分になったりします。日本の病院はそれでなくても検査が多過ぎです。検査の数値にそんなに振り回されなくてもいいのではと思うのです。

たとえば、高血圧のガイドラインは年々、変化しています。1999年ごろですと70歳未満では160mmHg未満が正常値とされていましたが、2009年では130mmHg未満に正常値が変わりました。30ポイント下げられたことで、高血圧症の患者は約2000万人増えたと言われています。

この血圧に関しては、東海大学医学部の大櫛陽一名誉教授がなんと70万人以上の調査をもとに書いた『健康診断「本当の基準値」完全版ハンドブック』（宝島社）でも触れています。本によると、血圧は性別、年齢別に判断する必要があり、60歳であれば男性は164mmHg、女性は159mmHgが正常値だということです。

また、むやみに血圧を下げ過ぎることで脳の血管が詰まる脳梗塞が起こりやすくなったり、ふらつきや転倒を起こして浴室での事故や卒倒によるケガ、交通事故に巻き込まれたりするリスクが高まるなどと注意喚起されています。

検査をして、正常値にとどまっていないと不安になりますが、そのときどきで変わる数値に自分の健康を全面的に委ねてしまっていいのだろうか、と疑問を感じます。

成人の健康診断で同じようによく指摘されるのがコレステロールです。これも善玉と悪玉に分けて、悪玉コレステロールの数値が高過ぎると、たいてい下げる薬が処方されます。

血管が詰まりやすい動脈硬化を起こした部分にコレステロールが付着しているのが発見されたのは、ずいぶんと前の19世紀のことです。そして悪玉コレステロールが動脈硬化の「犯人」とされました。ところが、近年の研究で実は動脈硬化による炎症で傷ついた血管を修復するために、悪玉コレステロールが集まっていることがわかりました。こうなるともう「悪玉」とは言えませんし、コレステロールも善と悪に分ける必要もなく、数値もそこまで気にしなくてもよくなったそうです。

前に話した栄養学と同じで、医学の世界も研究が進むと、今ある診断や見解がどんどん更新されて変わっていきます。検査をしてそのたびに心配したり、安心したりを繰り返さないためにも、はじめから検査しない道もあるということをお伝えしておきます。

次から次へと登場する健康情報にも惑わされない

新型コロナウイルスの世界的なパンデミックを経て、「免疫力」というキーワードが巷《ちまた》にあふれています。

「免疫力を上げる食べ物はこれ！」

いろいろな健康情報がメディアを通して飛び込んできます。

でも実際、身体の免疫の仕組みはとても複雑なもので、なにか特別なものを食べたり飲んだりすることで高まるような単純な話ではないようです。研究者に言わせると、「免疫力を上げるには、そのウイルスに感染するのが一番」だそうで、それも一生免疫力が保たれるものもあれば、1年ぐらいでなくなってしまうものもあると言います。

そもそも免疫力を上げることに執着せずに、不自然なライフスタイルで免疫力が下がらないように配慮するほうが自然に沿っているように感じます。

僕たちは、自分の身体をきちんと評価しないところがあると思います。本来は素晴らしい機能が与えられているのに。

腸はきわめて効率良く栄養素をつくり出してくれているし、元気な腎臓なら自動制御で24時間体内をデトックスしています。「塩分をひかえろ」とよく言われますが、自然塩であれば、減塩などしなくても自分にとって余分な塩分はちゃんと処理できていると言います。

それこそ、身体が傷つけば痛いし、ばい菌が入れば熱が出る。毒を飲んだら吐き気がするようになっていますし、腸に異物が入ったら下痢をします。

健康診断の数値や健康情報に耳を傾けるより、そうした自分の「身体の声」にしっかり耳を傾けるほうがいいのではないでしょうか。

安全なイメージの漢方薬も不自然

「薬でも、漢方薬は身体にいいイメージがありますが、どうなんでしょうか？」

セミナーなどを開くと、こうした質問をよく受けます。

確かに、化学合成したり、抽出して成分の純度を高めたりする一般的な西洋薬に比べると、草木などの植物由来の漢方薬は、「自然のものだから安全」、「身体に優しい」などと思われがちです。副作用もなし、もしくは少ないと理解されていて、愛用されている人も少なくないでしょう。どこか、有機肥料と似たような空気感があります。

でも、やっぱり自然といえども薬です。効果や副作用が比較的早く表れる西洋薬に対して、漢方薬はじわりと効く性質があります。そして副作用は遅く表れ、長く続く傾向がある。やっぱり副作用のない薬はなく、むしろ長く続くところは西洋薬より厄介と言えるかもしれません。

中には、発がん性が指摘される漢方薬もあったりします。そのひとつが甘草《かんぞう》です。

殺菌抗菌作用がある甘草という漢方薬は、西洋薬のステロイド剤と似た働きをします。化学的なものなのか、自然由来なのかの違いだけで、どちらも同じような薬効があります。

甘草から抽出した成分グリチルリチン酸ジカリウムは、ハンドクリームなどの化粧品や育毛剤に使われ、「自然派化粧品」として販売されています。どうしても「自然由来」をうたわれると、安心だと思いがち。でも、発がん性の危険が潜んでいるのです。

漢方薬や健康食、それに栄養補給のサプリメントも含めて、健康のために良かれと思って摂りこんだものが、実は人間の身体にとってはマイナスに働いているとすれば、なんと悲しいことでしょう。

将来だけでなく、今の暮らしにも力を向ける

病院にも薬にも頼らない暮らしをするためには、自分が本来持っている機能をしっかりと発揮できる身体づくりが大切になってきます。添加物などの化学物質を身体になるべく取り込まないで、身体が正常に機能する材料を入れていくことがポイントです。

僕自身は、自然栽培の食材を中心とした食事が理想だと思っています。でも、こうした食事を続けると、家計費への影響ははっきり言って少なくはないです。たとえば自然栽培の野菜を買おうと思うと、スーパーに売っている一般的な野菜よりも2～3倍ぐらい高くなる場合があります。今、全体的に物価が上がっているときですから、この出費はかなり気がかりとなるでしょう。

こうなると、「病院にも薬にも頼らない暮らしはお金がかかる」と言われてしまう。けれど、考えてみてください。病気になって病院にかかれば、同じようにお金がかかりますし、入院が長引いたりすれば、もっとお金がかかることになります。

これまでは「いつかは病気になる」と、病気になることを前もって心配して貯金をしたり、保険をかけたりしてきたのではありませんか。病院にも薬にも頼らない暮らしでは、そうして蓄えてきたお金を今の暮らし、今の自分に投資していきます。そのほうが、よほど合理的だと僕は考えます。お金をどこで使うか、その設計図をもう一度考えてほしいのです。

ハーモニック・ライフスタイルは将来だけではなく、今も大切にする。今の暮らしをいかに豊かに、そして楽しく過ごしていけるか、その延長線上に未来があると思います。

人間とも、闘おうとせずに受け容れる

ハーモニック・ライフスタイルの「闘おうとせずに受け容れる」スピリットはなにも病気だけの話ではありません。僕は人間との関係でもこのスピリットが欠かせないと思っています。

どの時代も、他人と関わる以上、なにかとギスギスするものです。会社にいけば、上司や部下がいて、どちらにも気を遣います。会社を離れても、知人や隣人、友人という人間関係は続くし、家の中でも夫婦や親子という関係があります。そうした対人関係では相手の何気ない態度やちょっとした仕草に腹が立ったり、頭にきたりすることも少なくないでしょう。

そんなときに、すぐに相手と闘おうとするのはあまりおすすめしません。「その人もいろいろあるのだろう」とひと呼吸おいて、まずはその状態を受け容れてみる。すると、意外に関係はスムーズに運んで、お互いをいい方向に導いてくれると僕は思うのです。

闘おうとすると、次の闘いが生まれたりします。たとえこちらが悪くなくても、とにかく受け容れてみる。そうした心の余裕や寛容さが持てると、自然と自分の中から怒りというものも消えていくと感じています。

大事故に突然見舞われ、自分を忘れる

実は、「闘おうとせずに受け容れる」で僕は救われた経験があります。

自然栽培の食品を販売する会社ナチュラル・ハーモニーを立ち上げて間もないころ、一緒に仕事をしていた後輩が電車事故を起こしてしまったのです。移動販

売で使っていたトラックが踏切で立ち往生してしまい、そこに電車が衝突し、脱線して横転するというものでした。新聞でも大きく取り上げられました。

幸いなことに、死亡者が出ることはなく大惨事は免れましたが、電鉄会社から5億8000万円という、それまで見たこともない金額の賠償金が請求されたのでした。

「なんで、こんなことになったのか」

「僕はなにも悪いことはしていないのに」

そのときは、神様や仏様を恨みました。

当然のことですが、そんな大金を払えるわけありません。僕にできるのは、電鉄会社との交渉であらゆる手を使って、賠償金額が少しでも少なくなるように動くことでした。そのときの僕は保身的で利己主義で、電鉄会社と闘う姿勢そのものでした。

そして、自然栽培が目を覚ませてくれた

ただ、闘っているうちに「自然栽培でとらえると、今自分がやっていることは違うな」とふと気がついたのです、いや、気づかされたのです。自然栽培の世界観とかけ離れている自分がありありと見えてきました。

「闘わないことをなによりも信条にしていたはずなのに、今の自分は闘っている」

「自然栽培的スピリットも、わかっているようで実はなにもわかっていなかったんだ」

わかったつもりの自分が急に恥ずかしく、そしてカッコ悪く思えたのです。

そこで、この気づきを通して「闘うことをやめて受け容れよう」と覚悟を決めました。提示された金額を払おうと、印鑑持参で電鉄会社に向かいました。

もちろんお金はないので、これから日々働いて返していく。

「一生かけて払い続けるのか……」

自然栽培を普及するという思いや将来の夢をあきらめることに対して、正直悲しみと悔しさはありましたが、「受け容れよう」と腹を決めた気持ちはどこかすっきりとした感じでもありました。

交渉の席に立つと、あろうことか先方が「会社の方針が変わりました。キミたちもまだ若いし将来もあるので、賠償金はなしにします」と言ってきたのです。

これには驚きました。まるでドラマのようですが、本当の話です。

事故の一件が一段落して自然栽培の店を再び始めると、不思議なことに来店客が増えていったのです。これまで見向きもしてくれなかった人たちが買い物にやって来る。

「どうしたんだろう？」

ふと、事故が起こる前を思い返しました。「自然栽培なんて、誰も見向きもしてくれない」、「売れない」、「世間が認めない」と僕はいつしか不平不満を抱え、世間と闘っていたように思います。ところが、今はもう一度お店を開ける喜びや感謝がわいてきて、いつの間にか、以前の不平不満の空気はそこにはありませんでした。

その後、会社の業績がどんどん上がっていきました。

「闘おうとせずに受け容れる。そうすれば、道はきっと開ける！」

この出来事から、以前にも増して僕にとって重要なメッセージとなったのは言うまでもないことです。そして、どんなトラブルがあったとしても、この言葉がいつも頭の中で繰り返されるようになりました。

ストレスフリーの暮らしをかなえる

ふたつの人格が、自分という人間を動かす運転席を奪い合っている。

1日を過ごしていて、すごく感謝の気持ちがわいてくるときと、なにかとイライラして不平不満がわきあがるときがあると思いませんか？　双方が交互に現れたり、どちらか一方が長く続いたり。そのたびにあなたの感情も変わってくるのではないでしょうか。

僕は、前者を「ありがとう」モードの自分、後者を「ふざけんな」モードの自分ととらえています。「ありがとう」モードは感謝や利他愛にあふれており、いつも前向きで積極的です。対して「ふざけんな」モードは不平不満や利己愛が充満し、後ろ向きで消極的です。

「ふざけんな」モードが長く続くとおそらくストレスが増えていきます。今、世の中はどちらかというと「ふざけんな」モードに入っている人が多いのではないでしょうか。

「あなたのためにこんなに頑張っているのに、どうしてわかってくれないの……」

「仕事もろくにできないくせに、俺より上ってどういうこと……」

「なんで部下の尻ぬぐいばかりしなければいけないの……」

不満は自分の周りばかりでなく、「今の政治はなんだ。なんで増税しなきゃいけないんだ……」と矛先が政府にまで。なにかと不平ばかりです。

「ありがとう」モードにうまく切り替えていく

これを生産者にたとえてみましょう。

肥料や農薬を使う一般栽培の生産者ですと、虫や病気が出たら「ふざけんな」と思うはずです。「こいつらによって生計が成り立たなくなる」と農薬をまいてやっつけようと闘いを挑んでいきます。

でも、薬を使えば使うほど、薬に耐えられる虫や病原菌が出てきます。すると、更なる闘いを挑まなければならなくなり、それが永遠に繰り返されることになります。こうなると、ストレスが延々と続いていくのです。

一方、自然栽培の生産者は虫や病原菌が出てくると「ありがとう」という思いが優先します。というのも、すでに「ふざけんな」モードからは卒業できているからです。彼らは起きた現象だけ見て対処するのではなく、なぜ虫や病原菌が出てきたのか、その理由の根本を見ようとします。

「自分が異物を入れて汚してしまった土を元の自然に戻すために、虫や病原菌が働いている」

この自然栽培的視点を持つことで「ふざけんな」でなく「ありがとう」である

ことに気づくのです。そして、自然と「ありがとう」モードに切り替わる。ここがストレスを引きずるか、ストレス自体を感じなくて済むかの分かれ道となります。

自分にとってマイナスとなることが起こったら、なぜそうしたマイナスが起こったのか、その原因やきっかけまでたどってみる。そうすることで、「それを教えるために、このことが起こったんだ」と気づき、マイナスをプラスに切り替えられると思うのです。

「ふざけんな」モードの時間が短ければ、その分ストレスも少なくなります。どんな小さなことでも感謝ができ、穏やかな自分でいられ、とても楽に生きられます。

「ありがとう」モードと「ふざけんな」モードは、西洋的な考え方だと天使と悪魔、善と悪の人格と分けがちですが、僕は善いとか悪いとかというより、陽と陰ぐらいの区別のほうがしっくりくると思っています。

いきなり「ふざけんな」モードをゼロにしようよということではありません。今ちょっと「ふざけんな」が多過ぎる状況を自分でつくっているので、それをなるべく少なくしていく。そして、陽と陰のバランスをとっていこうというのがハーモニック・ライフスタイルです。

どんなことにも制約がない暮らしを手に入れる

前にも触れましたが、ハーモニック・ライフスタイルは「自分の身体の声に耳を傾ける」ことから暮らしが始まります。自分にとって最も身近な「自然」である自分の身体に素直に従う。それは言い換えてみれば、「制約がないこと」とも言えます。

食べたいときに、食べたいものを、食べたい分だけ食べていいし、食べたくないときは食べない。「毎日、3食を規則正しく食べるのが健康の秘訣」といった栄養学にありがちな、一般的な常識に縛られる必要はありません。自分の身体が欲していることに忠実に従っていけばいいのです。

自然栽培の食材中心の食事をいつもしている僕ですが、外食することもあります。たまに、若かりし時分に食べていた牛丼が妙に懐しく無性に食べたくなることがあります。そんなときは我慢せずに、自分を満たしています。食べる以上「化学調味料を使っている」とか「この肉と野菜は大丈夫なのか」とかは特に考えず、思いっきり楽しみます。

ただ、往々にしてその後にお腹を下すことが多く、本来入れてはいけなかったものを押し出してくれる身体に改めて感謝をする日々を送っています。

「睡眠は最低でも8時間とったほうがいい」という話もよく聞きますが、眠たければ寝ればいいし、睡眠時間が短くても体調がいいなら、問題はないでしょう。

前に話しましたが、食欲がないのは食べてなくていいという身体のシグナルだし、だるいのは動いてはいけないという身体のお知らせでもあるのです。

ハーモニック・ライフスタイルではどんなことにも制約や決まりはないし、どんなことも強制されない。自然栽培の野菜と同じようにストレスがない、ストレスフリーの暮らしをかなえます。

自然栽培から学んだ育児を実践しました

ハーモニック・ライフスタイルを自ら取り入れて、これこそ、今の時代を生きやすくしてくれる暮らし方だと確信した僕は、授かった息子と娘をハーモニック・ライフスタイルに導こうと、「自然栽培的育児」をすることにしました。

自分だけがハーモニック・ライフスタイルを試みただけではエビデンスにならないし、普遍性がないと思ったこともありますが、なによりもハーモニック・ライフスタイルを子どもたちに体感して欲しかったからです。

不自然な異物を排出し、入れない

自然栽培的育児が大切にするのは、もらい受けた異物の排泄といかに不自然な異物を身体に入れないようにするかです。異物をいかに排出して、新たな異物を入れないようにするかが、まず自然栽培的育児で取り組む課題となります。

うちのふたりの子どもは生まれたときに凄い湿疹が皮膚に現れて、ビックリしました。僕は、夜な夜な血膿《ちうみ》がにじむ肌をさすり、異物が早く排出されるように祈りながら、状態を観察しました。病院にも連れて行こうとしないし、薬も塗ろうとしないので、僕の両親からは「お前は鬼だ、悪魔だ」とまで言われ非難されましたが、そこはしっかりと両親を説得し、自分の思いがぶれることがありませんでした。

すると、ふたりとも3〜4か月で湿疹が消え、きれいな肌に戻っていきました。

子どもはよく突発性の発疹や、突発性の発熱を起こします。「病気は身体が不自然な状態になっていることを教えてくれるメッセージ」という自然栽培の考え方からすると、こうした身体のリアクションが異物を排泄し、解消することにつながるのでしょう。

それを薬などで止めようとすると、抜けるはずの異物が抜けることができずに体内に残ってしまう。それが後々、アトピー性皮膚炎や喘息《ぜんそく》などを引き起こすことにつながるのではないかと僕は考えています。

なので、異物となる予防接種をあえて打たせず、いろいろなウイルスに感染することは拒《こば》まずに、体内の掃除ができるようにと受け容れていました。化学物質を体内に注射して感染を防御するより、ウイルスに感染して免疫を獲得するほうが得策だと考えたからです。ふたりは水疱瘡《みずぼうそう》、おたふく風邪、風疹といろんな感染症にかかっていきました。

予防接種に関しては、受けるのが当たり前と思われていて、「受けさせないでいることはできるのか？」と周りから驚かれます。予防接種は義務ではないので、受ける受けないの自由があります。ただし、親が医療機関や行政に対して、どうして受けさせないのかを熱意を持って丁寧に説明をする必要があります。説明なしで、ただ受けさせないで逃げていると、場合によっては児童虐待と判断されてしまうこともあるので要注意です。

自然栽培的育児を続けていると、一般常識とは少しばかり異なる場面に出くわすことがあります。そのときに自分の考えを押し通して社会から孤立しようとするのではなく、しっかり社会と向き合う姿勢も大切だと僕は考えています。まさに調和です。

説教より、目で見て感じられる「実験」がおすすめ

あれはダメ、これはダメと口うるさくしつける育児こそ自然栽培的育児と思わ

れるかもしれませんが、そうではありません。そうした頭ごなしの押しつけは理解につながらないし、かえって反発を生むことにもなります。そもそもハーモニック・ライフスタイルはどんなことでも強制しないスタンスです。

「添加物など化学物質は身体に入れるのはよくない」と教えただけではよくわからないもの。そこで、我が家では「実験」を通じて、子どもたちに感じてもらいました。

ある日、子どもたちが通っている小学校の運動会の賞品で、赤、青、白の3色の歯磨き粉をもらってきました。そのきれいな見た目にふたりとも興味津々で、使ってみたくて仕方ありません。自分たちがゲットしたものだから、無理もないです。でも、身体には入れて欲しくない着色料と合成界面活性剤が使われている。

そこで、仕事柄持ち合わせていた着色料実験キットをふたりに披露することにしました。子どもたちに特にインパクトがあったのが、赤色着色料のコチニール色素の実験でした。コチニールの原料はエンジムシというサボテンによく寄生する虫。その虫の死骸がキットの中にあったので、水にその死骸を入れます。すると、水は徐々に赤く染まっていきます。

その水を「飲んでごらん」と差し出すと、「嫌だ、そんなの飲めないよ」というリアクション。「これはね、コチニール色素って言うんだよ」と前置きをした後、歯磨き粉の成分表示を何気に見せると、そこに「コチニール」の文字が。ふたりは「気持ちが悪い」と自ら使うのをやめました。

緑色の色素でメロンサイダーをつくってあげたり、オレンジ色素でオレンジジュースをつくってあげたりしたこともありましたが、どちらも口にしませんでした。ふたりにとっては絵具を薄めて飲むような感覚だったと思います。

洗剤の実験もやりました。同量の水が入った2つの容器に、片方に合成洗剤を、もう片方にせっけんを入れてよく振ります。両方とも泡が立ちますが、そこに酸性の汚れの代わりとして酢を入れると、合成洗剤の泡はほとんど消えないのに対して、せっけんの泡は一瞬で消えていきます。

「合成洗剤を使ってそのまま流すと、この泡は海まで流れても消えないし、身体の中でも同じなんだ。こうして海や身体は汚くなっていくんだね」

これもかなり説得力がありました。

そういえば、第1章で一般栽培の野菜、有機栽培の野菜、自然栽培の野菜を同じ状態で観察する実験の話をしました。一般と有機の野菜は腐敗していくのに対して、自然栽培の野菜は発酵していきます。娘の結以はこの腐敗実験を夏の自由研究として学校に提出していました。

親が子どもに上からものを申すのではなく、こうした実験などでともに学んでいくというスタンスは、別に自然栽培的育児だけの話ではなく、育児全般に言えるのではないでしょうか。

神経質にならないで、柔軟さを思い出そう

まだ学校に通う前は食事は家で提供できるので、自然栽培の食材を中心にした食事にできます。ところが、学校に通うようになるとそうもいかなくなります。いわゆる「給食問題」が目の前に立ちはだかります。

僕は、事前に子どもたちが通う予定の小学校に自然栽培の野菜を納入できないかと、試みたことがありました。うちの子だけではなく、子どもたち全員に食べさせてあげたい、食べさせるべきだと思ったからです。

なんとか入札に入れたのですが、「キュウリはすべて真っ直ぐでないと、機械に入らない」、「ジャガイモは大きさがそろっていないと、皮をむく機械が使えない」と学校サイドの規格は厳しい。機械に標準を合わせた規格のものをきちっと納入することは、自然栽培の野菜には到底無理な条件でした。結局継続的に納入

することができず、僕のチャレンジは失敗に終わりました。

子どもたちに自然栽培の食材を提供することがかなわず、そこはあきらめ、一歩引いて他のみんなと同じものを食べさせる判断をしたわけです。

給食を食べさせたくないと考える自然食系のお母さんの中には、お弁当をつくって持たせる人がいます。牛乳も飲ませたくなくて、水筒を持たせるケースもよく耳にします。体質的に合わないからという理由がある場合は別として、僕としては、「自分の子だけは安心なものを」というのがどうも気になりました。

子どもの目線からすると、クラスのみんなと違うものを食べているのはどうなんだろう。僕の時代は牛乳も、早飲みで競い合う遊び道具の延長だったりもしました。給食を食べる時間は友だちとのコミュニケーションの場だと思うのです。

学校で給食を食べても、家で基本の食事の質が保たれていれば、自《おの》ずと身体がバランスをとることができる、というのが僕の考えです。プラスマイナスを上手にコントロールする発想です。自然栽培的育児はどこかストイックな印象を持たれているかもしれませんが、僕はこうした柔軟さやバランスが大切だと思っています。

結果的には、息子のほうは給食が大好きで、いつもお代わりをするなど大いに楽しんでいたようです。牛乳の早飲み競争もやっていたと聞いています。一方、娘の結以は給食が苦手だったようで、第3章で後述しますが、食べるのに苦労したようです。同じように育てても、当たり前ですがこのように一人ひとり個性が違ってきます。

とにかく、親があまり目くじら立てて神経質になりすぎないようにすることです。その空気が子どもに伝わって、子どものほうも神経質になってしまうかもしれません。最近では、学校給食に自然栽培のお米を取り入れる学校や、自然な食材を導入する学校が増えているようです。ぜひ、進めていってもらいたいものです。

好き嫌いは大いに結構です

子どもの好き嫌いをなくすことが、子育てでは一般的には善いとされているようですが、僕は逆に好き嫌いを認めるようにしています。

娘の結以は、野菜だと小さいころからナスやカボチャが大の苦手でしたが、嫌いなものを無理に食べさせることはしませんでした。今では、ナスは大好物です。食の嗜好性というものは時とともに変わっていくのです。

ハーモニック・ライフスタイルは「自分の身体の声に耳を傾ける」ことを大切にします。嫌いとは身体が欲していない声として、それを尊重してきました。こうした好き嫌いを含め、基本的には本人がやりたいことを自由にやらせてきたと思います。

モデルだった妻の影響か、娘の結以は大学生のころ、モデルを目指してダイエットをしていました。糖質制限をしたり、ダイエット栄養学に手を出したり。専門のジムに通ってボディメイクにも励んでいました。身体が欲していないことを無理強いするなど、ハーモニック・ライフスタイルとは真逆なアプローチに戸惑いはありました。

でも、いずれ違和感を覚えるだろうと娘を信じていましたので、あまり口を出すことはしませんでした。ひとりの人間として、いろいろ体験して感じていくことも大事だと思ったからです。その娘もしばらく遠回りをしていましたが、元の暮らしに戻っています。

息子も娘も、今やハーモニック・ライフスタイルをともに楽しむ仲間になりました。そして、僕の会社、ナチュラル・ハーモニーの一員として、自然栽培を広める活動に努めてくれています。

振り返ってみると、自然栽培的育児が実を結んだと言えるのかもしれません。

第3章
ハーモニック・ライフスタイルのはじめ方と取り入れ方のはなし

河名結以

ハーモニック・ポイント❶

暮らしのベースをつくる食材選び

ここからは私、結以がお話させていただきます。

ハーモニック・ライフスタイルをどこから始めるか、暮らしにどうしたら取り入れられるのかをお伝えしていきます。

私の27年間の人生の、言うなればハーモニック・ライフ。そこでの経験というか、日頃やっていることや、周りで暮らしを楽しんでいるハーモニック・ライフ・ピープル（略して「ハモピ」と言うことにします）の人たちから聞いた生活術や知恵といったものから、みなさんの暮らしにお役に立てそうな情報を集めてみました。

まずは、暮らしのベースとなり、自分や家族の身体の健康を支える大事な食材についてです。

ハーモニック・ライフでは、自然界に本来存在しない、不自然なものをなるべく体内に取り込まないようにすることを大切にしています。ですが、街にはたくさんの店が並び、どの店もいろんな商品をそろえています。そうした中で不自然ではない食材を探すというのは結構大変です。そこで、どのあたりを見たらいいのか、見つけやすいポイントをご紹介しましょう。

野菜はカタチと重さで判断します

野菜というと、葉っぱの緑が濃いものほど「フレッシュで元気」と思いますよね。ホウレン草や水菜といった葉もの野菜などは、まずは葉っぱの色具合で選んだりしますが、この「濃い」は実は注意したほうがいいです。

これは父から教わったことになりますが、野菜を育てるときに肥料がまかれると、野菜はその肥料から生長に必要な窒素を吸い上げます。この窒素はまず葉に蓄えられ、窒素分が多いと自ずと葉っぱの緑は濃くなるのだそうです。第1章でも触れた通り、肥料をまくと農薬を使う確率は高くなります。だから、緑が濃いということは、肥料も農薬も使われて育った野菜であることを教えてくれるサインです。ハーモニック・ライフ的には買わないほうがいい野菜です。

それから、虫食いが多く、カタチのよくない野菜。これも「自然に育ったので安心」と思われがちですが、おそらく有機肥料で栽培された野菜でしょう。虫が食うのは美味しさの証だと思われる人がいますが、虫が食べるということと人が食べて美味しいこととは関係ありません。そしてカタチが悪いのは一般野菜と比べて規格がなく不ぞろいなものが多いからであって、安全性を担保しているわけでもありません。有機野菜を買う際は、虫食いやカタチにとらわれず、なるべく動物性の肥料を使っていないものを選んでください。

美味しい野菜を見分けるには、最初は「カタチ」を見てください。やはりきれいなカタチをしています。大根だと、葉っぱがついているほうから見ると円は楕円ではなく、真ん丸の正円。それで横から見ると、根っこのほうまで真っ直ぐに伸びているものがおすすめ。そうした大根は表面についているくぼみも等間隔になっています。また、葉っぱはきれいに放射線状に広がっていて、緑色は濃くない。「淡い緑色」が自然なものの目印です。

もうひとつの確認ポイントは重さです。自然栽培の野菜はゆっくり育ちます。その分太陽をいっぱい浴び、そして密度がつまっているので、手に持つとずっしりと重いです。ぜひ売り場で持ってもらって、比べてみてください。ずっしり感のあるものを私は選んでいます。

また、これは売り場ではできませんが、自然栽培のトマトは水に入れると沈んでいく傾向にあります。中の果肉がギュッと詰まっていて重たいからです。肥料を使って生長を早めてしまうと、中が空洞になりがちで、そうしたトマトはプカプカと水に浮くようになります。

価格面では、自然栽培系の野菜は大量生産の一般野菜に比べて2〜3倍は高くなってしまいますが、その分安心ですし、なにより味が美味しい。これは次のポイントの料理編でお話ししますが、しっかり素材の味がするので、あれこれ調味料で味を足していく必要もないし、あえて凝ったものにしなくても美味しい料理が出来上がります。

いい意味で、手抜きができる素材力があるということです。簡単料理で、美味しく食べられ、それで身体にもいいとなれば、価格の差は納得できると思います。

サカナは天然、肉はブランドが決め手になる

次はサカナです。ここはできるだけラベルに「天然」と書いてあることを確認してください。養殖は囲まれたいけすや水槽などで育てます。エサも生餌《いきえ》だけで

なく、魚粉をはじめとする色をよくする着色料、味をよくする脂肪、健康を維持するビタミン類など様々な添加物が使われることが多く、さらに効率よく成長させるためのホルモン剤や、病気にならないように抗生物質やワクチンなどの薬を使う傾向があるようです。

肉については、エサや水、そして飼育密度がチェックポイントです。養殖魚同様、飼育時間をより短縮するためだったり、肉質を柔らかくするためだったりなど、人間の都合で成長ホルモン剤や抗生物質が投与され、問題は深刻です。

一般的なブランド肉として、たとえば、豚だと鹿児島の黒豚、鶏だと薩摩地鶏、秋田の比内鶏、名古屋コーチンといった在来種系のものは理想とは言えませんが、一応定められたルールに沿って飼育されていますので、一般的なブロイラーと比べたら、ある程度は信用していいかもしれません。

牛肉ですと、「国産のほうが安心」とみなさんの国産志向が強いように感じますが、オーストラリアのタスマニア産やニュージーランド産がおすすめです。このふたつの国では「グラスフェッド」という放牧して牧草だけをエサに飼育している牛が多く、健康的に育てられているそうです。私は肉も好きですが、命をいただく限り、その生き物が苦しまない環境でいるかどうかを、なによりも大切な判断基準にしています。

グラスフェッドが出たので、ついでに穀物で飼育する「グレインフェッド」の話をしておきます。和牛はこのグレインフェッドで、しかも脂身をつくるためにたくさん食べさせてあまり運動をさせないようです。本来は草食なのに、太らせるために穀類の飼料を食べさせているのは、私はどうしても不自然な行為に感じてしまいます。しかも、脂身の色は本当は黄色。でも、赤身の赤と黄色の配色では見映えがよくないので、無理やり脂肪分が真っ白になるよう、また肉質も柔らかくなるような操作がされているそうです。

また、赤身の間に編み目の脂肪が入るサシは本来、自然では起きず、人間が意図的につくった不自然なもの。和牛はなるべく、食べないほうがいいかもしれません。

調味料や加工品はパッケージのラベルをチェック

調味料や加工品はラベルを見ていくしかありません。ラベルを見ても、化学の授業で出てきたようなカタカナ表記の原料が多くて、それを一つひとつ調べるのも大変です。なので、まずはラベルにいろいろと添加物が書かれていない、シンプルなものを選ぶのがおすすめです。

調味料は、醬油ですと熟成期間が2年くらい、味噌でしたら1年間は時間をかけて醸造されたものが基本です。塩だと天日干しのものが安心。どれも手間と時間をかけるので価格は高めです。砂糖については、精製されるときに薬品を使うので、一般のものでしたら白砂糖より精製されていない茶色の三温糖がベターです。ただ、茶色でも精製された砂糖を着色しているケースもあるようなので、ご注意くださいね。

私の家（父と兄と同居しています）ではアルゼンチンのサトウキビを原料にした精製されていない砂糖を使っています。普通の砂糖と比べると、甘さが柔らかく、どんな料理にも馴染んでコクを出してくれます。お菓子づくりでも甘さが前面に出ず、素材の味を引き立ててくれます。

加工品や調味料は、お店の売り場で商品をひっくり返して、添加物が入っていないかどうかを確認していくしかありません。国産のナショナルブランドでも意外に添加物を使っていないものもあったりしますが、いちいち探すのは大変。ですから、家の近所でそうした自然なものを扱っているオーガニックストアやこだわりのお店を探して、そこで買い物をするのがよさそうです。

最近、スーパーでも「化学調味料不使用」などと書かれた商品を多く見かけるようになりましたが、その代替品として隠れ化学調味料である「たんぱく加水分解物」や「酵母エキス」などが使われているケースがあるので、気をつけてみてください。

発酵食品は時間と原料、そして菌がポイント

食品の中でも発酵食品は身体にいいと注目を浴びています。でも、私は発酵食品を身体にいいから食べるといった発想はありません。

そもそも食事は身体のためや健康のためといった目的ではなく、美味しくて、楽しい、そして素直な身体の空腹感と心が満たされるのが本来のあり方なんじゃないかと思うのです。まさにハーモニック・ライフで提唱する「頭で食べる」から「五感で食べる」へです。なので発酵食品も食事を美味しく豊かにするものであって欲しいのです。

では、どんな発酵食品が食事を美味しく、豊かにしてくれるのでしょうか。

先ほど発酵する時間について触れましたが、時間以外に発酵食品の原材料であ

る米や麦、そして大豆などの原料のクオリティがとても重要です。そしてもうひとつ気にして欲しいことが菌のことです。昔は空気中や蔵に生息する自然の複数の発酵菌を巧みに取り込んで発酵食品をつくる職人もいたそうで、かなりスペシャルなものもあったそうです。

しかし現代の発酵食品は人為的に培養した単一の菌をメーカーから購入して、効率よく安定的につくられるものが多いようです。複数の発酵菌と単一の発酵菌とでは醸された発酵食品の味や旨味が大きく変わってきます。

第2章で紹介した野菜の腐敗実験のように、自然栽培の原料はわざわざ培養した菌を購入しなくても、多種多様な自然の発酵菌が作用して野菜が漬物になることがわかりました。自然栽培の原料なら自然の発酵菌によりお米がお酒になったり、大豆や小麦が味噌になったり醤油になる可能性が見えてきたのです。

そんなとき、ホスメッククリニック（神奈川県藤沢市）の三好基晴先生と父の出会いにより、天然菌による発酵食品の開発プロジェクトが始まったそうです。三好先生はオーガニックの味噌や醤油も食べられない化学物質過敏症の患者さんが口にできる発酵食品を日本中探し回ったそうですが、適《かな》うものに出会うことができませんでした。

三好先生は、患者さんが食べられない理由が、原材料の質の低さに加えて発酵菌が自然ではないことを見出しました。そこで、天然菌による発酵食品をもう一度復活させたいという思い、そして、その発酵技術をこの世から消してはいけないという思いでプロジェクトを立ち上げたそうです。

現在は味噌をはじめ、醤油やお酒、納豆など、ほとんどの天然菌による発酵食品が復活しています。ぜひ、本来の発酵食品を口にしてみていただきたいです。きっと、健康のために食べる意識から、美味しいから食べる意識に自然と変化していきますよ。

一気に変えようとはせずに、少しずつ

食べるものは、これまで食べてきたものもあるし、自分の好みもあったりします。すべてを一気に変えようとするのはあまり現実的ではないと思います。ハーモニック・ライフを暮らしに取り入れるのは、ゆっくりで問題ありません。

父はセミナーなどで「お米から見直すのがいい」とアドバイスしています。お米はなんといっても日本人の主食。野菜や肉と違って毎日買うものでもないし、一度買っておけば家に常備できます。まずは自然栽培のお米を買って試してみてください。

次に、保存性が高い調味料やお茶、コーヒーや乾物、加工品と広げていって、その合間に野菜という感じで取り入れてみたらどうでしょう。でもこれはひとつのモデルケース。自分の好きな感じで取り入れていくのが一番だと思います。

ハーモニック・ポイント❷
自然栽培の野菜を美味しく食べる

自然栽培の野菜は、みなさんにとってあまり馴染みのない野菜かもしれません。普通のスーパーでは手に入らないと思いますが、こだわりの自然食品店や、今はネットショップで手軽に購入することができます。そこで、そうした野菜たちを最大限美味しく食べるポイントをご紹介します。

といっても、先ほども触れたように自然栽培の野菜はもうそれだけで美味しく、一般に売っている野菜と食べ比べをしてみれば、その美味しさを実感していただけると思います。なので、あまり手間をかける必要はありません。そんな中でも、私たちハモピがよくやっている、より美味しく、楽しくいただく食べ方や料理法をお伝えします。

まずは、季節感を楽しむことです。

スーパーに行くと、どの野菜も1年中、売り場に並べられているので、あまり旬や季節感を意識しづらいかもしれませんが、野菜にはそれぞれ旬の時期があります。そして、その旬のときがその野菜にとって一番の食べごろ。最大限の美味しさを提供してくれます。

3月から5月の春だと、菜の花やなばなの葉もの類に、春キャベツ、葉つきニンジンが旬の野菜です。6月から8月の夏になると、トマト、ナス、ピーマン、キュウリといったぶら下がってできる果菜類が登場してきます。

9月から11月にかけての秋では、サツマイモや里芋といったイモ類、そして12月から2月の冬は大根、ニンジン、ゴボウなどの根菜類がピークを迎えます。

こうした季節感を意識して野菜を買うようにすると、自分自身も季節の変化を感じられる。自然の一部である私たち自身も、季節とともに身体も心も感覚も変化しているので、その季節に旬のものを食べるのはその季節に生きる私たちにとって、とても美味しく馴染むものであることが多いです。

たとえば、「夏に食べるトマトは美味しくて食べたくなるのに、冬になるとあまり食べる気がしなくなったりする」とハモピたちもよく言います。もちろんトマト自体が旬でないから味も違うと思いますが、私たちの身体も季節とともに変化していることを感じます。

大地のリズムで料理をして、食べる

横浜市にあるナチュラル・ハーモニーのお店ではカフェを併設しています。そのカフェのシェフである浅川勇人さんは「大地のリズムに合わせて料理する」と話します。どういうことかと言うと、「今日は○○の料理をする」と出来上がりから入るのではなく、最初に旬の野菜を手に入れ、その状態を見ながらどういう料理をするかを考えてつくるということです。

実は私も、「今日は家になにがある？・」と冷蔵庫やストックのカゴにある食材を見て、今日の料理を考えていく派です。その方が必要な食材を買い足す手間もかからず楽ちんです。また、今あるもので工夫することで、新たな料理が生まれる喜びもあります。

では、浅川さんから教わった料理法を紹介します。たとえば、旬の野菜の出始めはどの野菜も柔らかい。そんなときはサッと茹でてサラダにしたり、炒め物にしたりが最高です。旬の野菜でも終わりのころは繊維が堅くなってきますし、歯ごたえも悪くなります。そんな場合は煮物やポタージュに変えるといいとのことです。

切り方のコツもあるようで、ナスだと出始めからピークまでは身は柔らかく、味ものっていて美味しい。このとき繊維に沿って切ると、せっかくの味を逃がしてしまうということで、「縦に切る」そうです。シーズンの終わりごろとなるとナスは堅くなってきます。そうなると、今度は繊維を断つことが大切となり、「輪切り」がおすすめとか。輪切りにすることで食感が良くなるようです。

野菜の状態を観察して料理に生かせば、旬の美味しさをもっと楽しむことができますね。

料理は時短で、手抜きもできる

「野菜を使う料理は皮むきが大変」

よくそういう話を聞きますが、自然栽培の野菜ではほとんど皮をむく必要がありません。もちろん、農薬や肥料の心配は要りませんし、どの野菜も皮まで柔らかいので、大根もニンジンも皮をむかずに料理しても食感が悪くなることがありません。ジャガイモも芽をとるぐらいで、基本的にはどの野菜も皮をむくことがありません。当然、ゴミも少ないのですごく助かります。

また、水にさらしてあく抜きする手間も要りません。ナスは切ったらそのまま。ゴボウは外側についた泥を洗うぐらいで、仮に切って水につけても水は透明のままです。大根も、レシピ本を見ると「お米のとぎ汁につけて苦みを取る」と書かれていますが、そもそも苦みがないので、その工程も要りません。あくや苦みが生まれるのは、肥料や農薬を使うことと関係しているのかもしれません。

その意味で、自然栽培の野菜だと料理の時短ができてしまうし、ほかの野菜を使ったときよりも手抜きもできます。

出汁《だし》は要らず、味つけは塩だけでも十分

もうひとつ、自然栽培の野菜のいいところは野菜自体が美味しいし、味も立っているので、あれこれ味つけを加える必要がないところです。

なるべく食材の邪魔にならにように調味料を使っていて、塩だけでも十分なこ

とが多いです。塩だけで加熱すれば、野菜の味が引き立つし、ちょっと足りないなと思ったら、醤油や味噌を加えればいい。茹で汁はそのまま出汁にもなりますし、とてもシンプルで簡単です。

考えてみると、いろんな味のドレッシングや特別な調味料はあまりいらないかもしれません。基本の「さしすせそ＝砂糖、塩、酢、醤油、味噌」と良質な油があればそれで十分。私はどんな料理でもレシピは参考にするだけで、自分の感性と舌を頼りにつくることにしています。

自分の身体を信じ、身体の声を聞く。野菜の状態も感じ取る。料理でもハーモニック・ライフの基本をいつも大切にしています。

ハーモニック・ポイント❸
肌との優しいつき合い方

身体に入れるものから、次は身体の外についてです。まずはお肌のこと。といっても、保湿するためのクリームやマッサージの話ではなく、ハーモニック・ライフでの肌とのつき合い方のポイントになります。

第2章でも触れましたが、皮膚はとても大切な働きをしてくれるところです。成人の皮膚を広げてみると畳1枚分に及ぶというから意外に広いです。少し科学的に言うと、生命維持のための防御機能と環境変化を感知する感覚機能の2つの働きをしています。ちょっと難しいので、わかりやすく言うと、身体の水分がなくなったり、細胞が劣化したりすることを防でいます。また、周りの温度に合わせて体温を調節する役割も担ってくれています。

こうした働きをしている皮膚をいつも、しっかり守ってくれるのが皮膚に棲んでいる常在菌。私たちがかく汗や皮膚から出る脂などを食べながら、皮膚をガードしてくれているのです。だから、常在菌たちが本来の働きができる環境を整えてあげて、菌たちの邪魔をしないこと。そして、一緒に共生できる関係を築いていくということが欠かせなくなります。

肌に直接触れるところは自然で

一番、気をつけたいのは、肌に直接触れる部分が不自然にならないことです。具体的なアイテムでいうと、下着にTシャツなどでしょうか。こうしたアイテムの素材はコットンやシルク、ヘンプ（麻）といった自然素材を選ぶのがおすすめです。

夏は速乾性や吸水性、冬になると保温性をうたった機能性素材の下着などがお店で目につきますが、ほとんどが人工的な繊維で自然素材ではないです。保温系の繊維の場合は、水分で化学変化を起こす仕組みになっていて、汗をかくと発熱素材に代わっていきます。

でも、本当は身体の内側から温まっていくことが大切で、こうして外側の下着から温められると体温の表面温度を上げようとする機能が働かなくなってしまうそうです。場合によっては、その機能が休眠してしまうケースもあるとのこと。機能性素材は菌たちに確実にストレスを与えるものといえます。

着心地も肌にへばりつく感じがあるし、優しさや温もりもあまりないような気がします。なので、私は、下着などはオーガニックコットン製と決めています。

普通のコットンだと、コットンの原料となる綿花を栽培するときにかなりの農薬を使っていると聞いていますので、環境やつくり手への負荷の少ないオーガニックなものを選ぶようにしています。

ナチュラル・ハーモニーではオーガニックだけでなく、自然栽培のコットン製品も扱っています。私にとっては身近な存在ですが、生産量がとても少ないのが現状です。それらはゆったりとした紡《つむ》ぎ方で、表面はホワホワとした凹凸感があって、肌ざわりはとても柔らかいです。フワッとした生地なので空気を包み込んでくれて、肌に接したときに優しく感じます。

吸水性も高いので夏の時期は汗を吸ってくれるし、逆に冬は温めてくれるとともに、乾燥しているときは水分も補ってくれます。その上、紫外線もカットする機能も備わっています。

オーガニックコットンもラベルをよく見る

オーガニックコットンと書かれている商品でも、ラベルをよく見ると「オーガニックコットン100%」というのと、「オーガニックコットン入り」と2種類あるので注意しましょう。「１００％」と書かれていないのは、オーガニックコットンが「使われている」というレベルで、１００％と比べると、心地よさも機能も劣ります。

また、染料もチェックします。ときには化学染料が使われた服で好きな色を楽しむのもありだと思っていますが、どんな成分を使っているか、ラベルや、ネットで買うときにはそのサイトでの説明をよく見て、なるべく天然染料を選びたいものですね。

そして、いくらオーガニックコットンだからといって、身につけるものですから、着心地は大切です。私は試着をしたり、ネットだったら買ってみて試したりして、お気に入りのお店を探すようにしています。当たり前ですけれど、見た目のかわいらしさや自分の趣味に合うかどうかも、はずせないポイントです。

冬場の静電気はちょっと怖い

自然素材でいいのは、常在菌たちを守ることだけではないのです。寒い時期になると起こる静電気。繊維に摩擦を加えたときに正（プラス）と負（マイナス）の電気が発生するものですが、自然素材を着ていると起こりにくいみたいです。逆に化学繊維は起こりやすいようで、注意しないといけません。あの手先にビリッとくる感じは体感でも嫌ですし、確実に身体にもストレスを与えています。あるデータを見ると、静電気によって血糖値が10〜20％増加したケースもあったそうで、自然素材ならそうした点も安心です。

合成洗剤は人間と自然に影響を与える

下着やTシャツを洗うときにどんな洗剤を使うかも重要です。せっかく衣類が自然なものでもあっても、洗濯のしかたで台無しになってしまうからです。たとえば、合成界面活性剤や蛍光漂白剤が入った合成洗剤は、1度の洗濯ですべてをすすぎ落すことはできず、衣類に残ってしまいます。こうした洗剤で洗い続けると、化学物質がどんどん下着などに蓄積してしまい、菌たちにダメージを与えるだけでなく、肌を通り越して身体の中まで合成界面活性剤が入っていくこともあるとか。これを「経皮毒《けいひどく》」と言います。

子どものころ、父と一緒に洗剤の実験をやったときの驚きを今でも覚えています。合成洗剤が入った容器とせっけんが入った容器を泡立てて、そこに酢を入れる実験です。せっけんの方は、せっけんに酸性の酢が作用して中和し、泡が一瞬にして消えたのに対し、合成洗剤の泡はほとんど消えない。つまり、合成洗剤は泡が消えることなく川から海に流れて、環境を破壊することにつながっているということが、実験からわかりました。

こう考えると、きちんとすすぎ落とせて、酸ですぐ分解される純せっけん洗剤を使った方が、人間にも環境にも安心なのがわかります。見分け方として、ラベルに書かれた品名に「せっけん」とあるものが純せっけんです。成分に「せっけん」という表記がない場合は合成洗剤の可能性が高いです。

せっけん・重曹・クエン酸で洗う

私は、洗濯ものは、せっけんと重曹《じゅうそう》、それにクエン酸の組み合わせで洗っています。

せっけんの泡で汚れを浮かし、せっけんよりアルカリ性の重曹を入れることでしっかりと洗うことができます。そして、アルカリ成分をすすぎ落すために、クエン酸を洗濯機の柔軟剤ポケットに入れて洗濯機を回します。そうすることで、柔軟剤のように洗濯物をふんわりと仕上げてくれます。白い服や服についた臭いが気になるときは、酸素系の漂白剤を使っています。

ちなみに、一般に売られている強い香りのある柔軟剤、あの香りはみなさん大丈夫でしょうか。私はあまり好きではありません。テレビCMでも流れているように、あの香りの素がマイクロカプセルに入っていて、それが繊維の中に入り込んでしまうそうです。そうすると香りがいつまで経ってもなくなりません。

その服を着ている本人は嗅覚が麻痺して、その香りに気づけなくなるし、残った香りが周囲の人の具合を悪くさせたりしてしまうこともあります。マンションなどだと、柔軟剤で洗った洗濯物がベランダに干してあると、両隣の部屋まで香りがして、洗濯物にその香りが移ることもあります。

困ったことはそれだけではありません。マイクロカプセルはプラスチックですから、洗濯の排水に紛れて流れ、海にたどり着けば、サカナたちがエサと間違えて食べてしまい、マイクロプラスチック問題につながります。

それから、ドライクリーニングも有機溶剤を使っていますので、揮発するとそれを吸ってしまうことにもなるので、もしクリーニングに出した場合は家に持ち帰ったらすぐに袋から出して、陰干しをしたほうがいいでしょう。

ドライクリーニング表記のある洋服は、家で優しく水洗いしたり、濡れタオルで拭うなどするか、もう服は水洗いできるものに限って購入する、ということにしてもいいかもしれません。

肌を洗うときに気をつけること

身体を洗うのも気を遣ってほしいところです。

肌には脂分がありますから、シャワーを浴びても表面張力が働いて水をはじいてしまう。でも、そこでボディソープやシャンプーを使うと、表面張力をなくしてぴったりと肌に張りつくことになります。そうなるとタンパク質や汚れを分解して脂分がはがれていきます。そのときに一緒に、肌に棲む常在菌も取り除かれてしまいます。

ですから、本当はボディソープやシャンプーをなるべく使わないほうがいいし、使う場合も殺菌力の強い合成界面活性剤が入った合成ソープや合成シャンプーはやめたほうがいいでしょう。植物油脂を使った「自然派合成シャンプー」というものも売られていますが、酢を入れる実験をすると、合成洗剤と同じく泡が消えません。こちらもちょっと使うのは心配です。

やはり、おすすめは天然界面活性剤で、常在菌へのダメージが少ないせっけんやせっけんシャンプーです。せっけんは半日で90%が分解されて流されますが、合成ソープやシャンプーはなかなか分解されません。先ほども触れましたが、そうした残った合成界面活性剤が体内に入っていくリスクもあるし、環境破壊にもなってしまいます。

お風呂やシャワーを浴びると肌にいる常在菌はダメージを受けますが、その後に汗をかいたり脂分も出たりして、それがエサとなって常在菌がもう一度肌を覆い始めます。もとの状態に戻るには12時間ぐらいはかかるそうです。だから、一度お風呂やシャワーを浴びたら、最低でも12時間くらい空けたほうが、肌にとっては優しいでしょう。

気持ちをアゲることを優先することも

お肌関係でもうひとつお話ししておきましょう。それは化粧品のこと。まず私は、化粧水などのスキンケアはしません。体感的に余計に乾燥してしまうし、ベタベタしたり閉塞感があって苦手ということもありますが、そもそも肌も自然栽培と同じように、外側からなにかを加えることは根本的な解決にならないことを知っているので塗る必要がありません。

肌は、カラダの内側の状態がすぐに反映されます。たとえば、添加物の多い食事をしたあとは口のまわりにニキビができたり、忙しさにかまけていると肌が乾燥してきたり。生理前は吹き出物が多く出るし、自分の状態がよくわかります。

でも、肌になにかをつけていたら、薬効によって排出することができないこともあり、カラダの状態に気づかないかもしれません。また、その化粧品が原因で炎症が起きている可能性も探らなければなりません。基本的にせっけんで顔を洗わないので、必要以上に乾燥することはありません。

そうは言っても、メイクアップすること自体は楽しんでいます。基本はせっけんやお湯で落ちる、素材ができるだけナチュラルなものを使います。やっぱり、オシャレのためにメイクすることは人生を彩ってくれる楽しいことのひとつなので、制限する必要はないと思っています。

普段のお出かけはポイントメイクしかしませんが、場合によってはしっかりメイクをすることもあります。そういうときはベースメイクもするので、はじめにオイルで肌を潤わせてファンデーションなどが浮かないようにしたりもします。またメイクと同じように、ネイルアートもときどき楽しみます。

洋服に関しても、自然素材ではつくれないような、化学繊維だからできるデザインの服もあるので、ときには素材にこだわらず、着たい服を着ることもあります。アクセサリーなども同様です。やっぱりオシャレをすると、普段とは少しばかり違った気分となり、モチベーションも上がってきます。そして、ハーモニック・ライフとして身体に良くないから我慢するより、したほうが自分の心が楽しくハッピーなれると感じたからです。

ストイックに考え方を貫くより、そのときどきでエンジョイしながら豊かに暮らしていくのがハーモニック・ライフだと私は思っています。

ハーモニック・ポイント❹

私たちが吸っている空気を考える

不自然なものとことは、私たちの目に見えないところにもあります。ここでは、私たちが暮らす空間に漂う空気について考えてみることにします。

突然ですが、人間は毎日、どのくらいの空気を吸っていると思いますか？

体重50kgの人の場合、約20kgに及ぶそうです。また、人間が生涯で摂取する物質の重量比を調べてみると、食べ物が7%、飲み物が8%と15%は口から入れるもの。残りの約80%が空気とのことです。

人間はとてもたくさんの空気を吸い続けて、生きています。こうなると、どんな空気を吸っているかがとても大事になってきます。きれいな空気なら心配ありませんが、不自然なものを含んだものなら、自分で自分の身体を守ることを考えていく必要があります。

家の中の空気は大丈夫ですか？

よくある日本の住まいを想像してみてください。ご自宅やご実家でもいいかもしれません。まず、玄関に入るとたいていホームセンターやインテリアショップで買った玄関マットが敷いてあったりします。このマットにはたいてい抗菌剤や消臭剤が塗布されていることが多いです。

そして、壁には壁紙が貼られ、床はフローリングという感じでしょうか。フローリングは木目などがあって、本物の木のように見えますが、ほとんどは新建材というものです。ベニヤ板の上に木目のシールが貼られているようです。

ということは、壁にも床にも接着剤が使われいて、マットの抗菌剤・消臭剤とともに揮発して空気中を舞っているのです。こうした空気中に舞っているものを「揮発性有機化合物」というそうです。まさに、化学物質で不自然なもの。玄関に入った瞬間は、なにも見えないし感じることはできませんが、私たちはそうした不自然なものたちにすぐさま囲まれてしまっているのです。

さて、そのまま廊下を進んでリビングやダイニングに入ると、テーブルやイス、それに食器棚が置かれていると思います。こちらもベニヤ板や合板でつくられているものが多く、そうなると接着剤も強度に貼りつくハードタイプが用いられているようです。ここでも化学物質は空気中を浮遊しています。

窓際にはおそらく外からの視線や陽を遮ろうと、カーテンが掛かっているでしょう。市販のカーテンは防炎剤や抗菌剤を使うことが一般的です。そこに陽がさして、温度が上がっていくとそうした有機化合物が揮発する量がどんどん増えていくそうです。もし真夏で部屋のエアコンを使っていないと、空気はあまりよくない状態になっている可能性があります。

家の中の構成をみると、南側の日当たりがいい部屋が一番いいところとされていて、「子どもたちのために」と子ども部屋などにするご家庭が結構あると思います。でも、日当たりがいいということは室内の温度も上がるので、化学物質がさらに飛び散りやすくなる傾向にあります。家のなかで一番不自然な部屋にもなりかねません。

表には見えない、壁の裏側も怖い

こうした空気を吸っていると、目がチカチカしたり、鼻水が出たり、吐き気や頭痛になるなど具合が悪くなってくる場合があります。これがシックハウス症候群です。２０１５年には建築基準法が改正され、シックハウス症候群の原因となっている内装材に使われるホルムアルデヒドや、クロルピリホスというシロアリ駆除剤の使用禁止など、13種の化学物質の規制を打ち出しています。

ただ、建築に使う化学物質の種類は多く、そうした規制に引っ掛からない危険な化学物質がたくさんあると、父は指摘しています。そのひとつがイソシアネートという化学物質で、皮膚や粘膜を損傷させ、呼吸器や神経系を刺激する発がん物質です。少しの量でも人間を傷つけるとのことで、ホルムアルデヒドより怖いそうです。

現代の日本の家は、高気密高断熱でエネルギーをあまり使わずに済む省エネ型の家がスタンダードです。そうした家で欠かせないのが断熱材です。今は発泡ウレタンが主流になっているようですが、この発泡ウレタンの原材料にイソシアネートはなくてはならない存在なのです。断熱材は家中に使われていますが、普段は目にすることはありません。このように、見えないところにもリスクは潜んでいるのです。

先ほど、洗剤のところで柔軟剤のことに触れました。香りをマイクロカプセルに詰め込んでいるのですが、このマイクロカプセルにもイソシアネートが使われています。香りつきのティッシュやトイレットペーパーは引っ張ったときにカプセルが割れて、香りがする仕組みになっていますが、このカプセルもイソシアネートの発生源です。そのほか、防臭スプレーやストレッチ性の衣料品などにも使われているようで、身近にある商品だけに、気をつける必要があります。

化学物質過敏症が社会問題になっています

もうシックハウスという家だけの問題ではなくなったことで、今は暮らし全体に関わる総称として「化学物質過敏症」という言葉が登場しています。みなさんも聞いたことがあるのではないでしょうか。シックハウス同様に、目や鼻の異常や、動悸《どうき》や痺れが現れるだけでなく、すぐにイライラするなど精神的な部分にも影響を及ぼします。

原因は、これまで触れてきたように、家の建物自体や置かれた家具から放散される防腐剤、接着剤、塗料などで汚染された空気。また、食べ物に農薬や食品添加物が含まれていたり、使う洗剤に合成界面活性剤が入っていたり。呼吸し食事をしているうちに、知らず知らずに身体に取り込んだ化学物質の量がキャパオーバーになってしまったためです。

私たちの身体は自分に備わっている解毒や免疫機能で適応しようとしますが、化学物質の摂り込みが長い期間にわたり、加えてそこにストレスなどが重なるとその人の適応能力を超えて、いろんな症状が出てくるのです。

もっと怖いのは、症状が突然現れること。最初はのどが渇いたり、肩こりがひどいなど、誰もがよく訴える症状だったりするので、そんなに気に留めなかったりする。でも、一度発症すると、次第に少しの化学物質でも反応するようになります。有機野菜が食べられなくなり、ミネラルウォーターも飲めなくなってしまうこともあるそうです。

この症状はある意味、自分を守るための防衛反応なのです。これ以上、化学物質を体内に摂り込んだら、命の問題に発展しかねないということを教えてくれるセンサーが働いているのであり、実はそのセンサーは誰にも備わっています。症状がひどくなってくると、気を失ったり、倒れたりすることもあるそうです。2、3日昏睡状態に陥ることもあるようで、もうこうなると、社会生活自体が困難になってしまうのです。

今の時代では誰がなってもおかしくないそうです。

実は私も、反応する化学物質があります。大学で建築学科を専攻し、授業で建物の模型をよくつくりました。その際に使う「スプレーのり」にある日突然反応し、発熱したことを皮切りに、スプレーのりだけでなくヘアスプレーなども使うと咳が止まらなくなるようになってしまいました。また、合成界面活性剤も手が荒れてただれてしまいます。

そうならない自分づくりをしていく

化学物質過敏症はやせ型の女性に多いと言われています。解毒というと身体のなかでは肝臓が働く機能だと思われていましたが、最近、筋肉が解毒の機能を果たしていることがわかったそうです。やせ型の女性は筋肉量が少ないから、発症しやすいのでしょうか。

なので、そうならないよう、日頃から身体を動かす意識を持つことが大切かもしれません。ジムに行ったり、ランニングしたりとおおげさなものではなく、いつもよりちょっと長い距離を歩いてみるとか、ストレッチをするのでもいいと思います。また、日常的に身体の動かし方で参考になるのは子どもや、猫や犬などの動物です。彼らは自分の意図ではなく身体の意のままに動かしているので、自然と身体が整っています。ぜひ参考にして、身体と遊ぶような感覚で動かしてみてください。自ずと必要な分だけ筋肉もついていきますよ。

化学物質を取り込まない家づくり

安心して空気が吸える環境を整えるということで、化学物質を取り込まない家をつくるという選択肢があります。

それには、そういうことに本気で取り組んでいる工務店を探す必要があります。住宅情報を検索すると、「自然派住宅」の文言をよく目にします。でも、その言葉だけで信用しないで、いろいろ調べてみることが大切です。

たとえば、どんな建材を使っているのか。自然派住宅をうたいながら、柱は複数の板を合わせた集成材にヒノキのシールを貼っただけとか、化学接着剤入りの漆喰《しっくい》とか、裏技を使うところもあるようです。これでは、自然の空間は望めません。

加工していない無垢材なら大丈夫かというと、これもそうではないようです。伐採した木材は2年間ぐらい天日に干して、自然に乾燥させると虫や病気に侵されにくくなるそうです。ですから、そういう無垢材なら虫食いや腐ることはほとんどなく、化学的な白アリの駆除剤も必要ないと聞きます。

ところが、そんなに時間は掛けられないので、2週間ぐらいで仕上げてしまうのが一般的とのこと。この場合、急激かつ強制的に乾燥させるので、木の成分が変異してしまう。そのため、虫を防ぐために防虫剤や防腐剤などを塗布するそうです。無垢材だけど薬漬けの建材では、見せかけの安心になってしまいます。

父は信用できる工務店に、自分の家（私も一緒に住んでいます）を改装してもらいました。どんな家かというと、断熱材はウレタンではなく、麻でできているヘンプマットを敷き詰めました。壁の仕様は土壁。ベースはスギの板を隙間を取って張り、その隙間に土が入り込むように塗り込んで固定させ、いろいろなタイプの土を5回塗って5層にしていました。一度塗ると乾くのに1週間はかかるので、壁をつくるだけで5週間以上を費やしていました。

しかも、1層1層に麻とイ草といった植物の繊維を塗り込む。化学的な接着剤の代わりに海藻のりを使い、植物の繊維で面を固めていく伝統的な手法です。壁はかなり厚くなりましたが、それがまた断熱効果を生むのです。

また、室内は自然な材料で構成されていますから、それが水分コントロールをしてくれるようで、湿度が高いときは土壁が余分な水分を吸い取り、乾燥しているときは逆に水分を吐き出します。まさに「呼吸している」という表現がぴったりです。お陰で、我が家では結露を見たことがありません。水分の調整がスムーズにいっている証拠で、こうした空間ならカビが生えることもないそうです。

通常ですと、石膏《せっこう》ボードを張って、そこにビニールシートを貼ったり、樹脂入りの漆喰や珪藻土《けいそうど》などを塗ったりする仕様が一般的で、工期は数日で済むようです。それに比べると、なんともゆったりと時間を掛けた家づくりです。でも、化学物質に脅えることもなく、とても快適な毎日を送れています。父は念願だった発酵型の家ができたと喜んでいます。

今暮らす環境で、吸う空気のリスクを減らす

普通に考えると、このような家づくりはお金も時間もかかるので、誰もがすぐに取りかかれるものではないでしょう。壁を土壁に変えたり、本物の畳に入れ替えたりといったリノベーションもそんなに手軽にできる話ではありません。

そこで、今住んでいる家で、浮遊する化学物質を減らす対策をお伝えします。

真剣に家の中の状態を調べるには、まず検査機関に頼んで、家の中の揮発性有機化合物（VOC）を測ってもらう手があります。そうすると、どの部屋のどの部分に化学物質が多いのか、わかってきます。

そこまですることはないにしても、もし手を入れていくなら寝室からがおすすめです。やっぱり、寝ている時間は健《すこ》やかに安眠したいものです。カーテンも市

販のものは必ず化学物質が含まれていますので、好みの自然素材を使って自分でつくってみるのはいかがでしょうか。そして余裕があれば、床や壁を自然素材に変えていくのもおすすめです。

あとは、定期的に窓を開けて換気をするとか。室内の空気の入れ替えは空間をクリーンに保つ上で一番手っ取り早い方法です。

また、化学物質は空気より比重が重いので、床に落ちてたまる傾向があります。吸う空気のリスクは大人より、床に近い子どもやペットのほうが高い。ですから、化学物質を取り込みやすいじゅうたん、特に毛足の長いタイプはあまりおすすめしません。床はこまめに掃除機をかけて濡れ雑巾で拭くなど、いつもきれいにしておくといいでしょう。室内に置く家具も、ベニヤや合板でつくられたものは避けたほうが無難です。

電磁波対策もお忘れないように

目に見えないのは化学物質だけではありません。私たちは電磁波にも囲まれて暮らしています。太陽光線も電磁波の一部ですが、特に注意を払う必要があるのがテレビや電子レンジ、パソコンといった家電製品から発せられる極低周波の電磁波となります。

パソコンで長い時間作業をしていると、目がかすんだり、頭がぼーっとしたりすることはありませんか。場合によっては、めまいを起こす人もいるほどで、化学物質過敏症と似た症状が見られます。実は、化学物質過敏症の人は電磁波過敏症にもなりやすく、どうやら電磁波と化学物質はリンクしている可能性があります。化学物質を暮らしの中から排除するとともに、家電製品とどうつき合っていくかが重要なテーマと言えそうです。

一番いいのは、使用する電気量を抑えることです。電気をつけっ放しにせず、使わない家電製品はプラグをコンセントから外す。取れるものはアース（大地の回路を利用して電気を流すこと）を取るなど、できることから始めましょう。化学物質を減らした自然住宅だと、部材が水分をコントロールしてくれるので、エアコンや加湿器の依存度も少なくなり、エネルギーもだいぶ省略できて、電磁波も確実に減らすことにつながります。

コンセントにつないだ状態のパソコンを指で触れていると、電磁波が身体に影響し続け、私たちの身体を動かしている電気信号がさりげなく侵される可能性があります。そんなときはパソコンとコンセントの間につないで電場を逃がす、「プラグインアース」という器具を使うと、90〜95％はカットできるそうです。

いずれにしても、ノートパソコンなら、電源につながっていなければ電磁波は発生していないので、バッテリーで作業することをおすすめします。

寝る環境だけでも、電磁波をカットする

ブレーカーがオンの状態だと、屋内配線1本1本から家電製品と同じように電磁波が発生しています。屋内配線からの電磁波の数値はパコソンに触れていることとほぼ同じと言いますから、壁の中に走っているコードは日常見ることはありませんが、知らずに壁越しや床越しに影響を受けている可能性があります。

そうした電磁波を測れる「電磁波チェッカー」という器具が市販されているので、それで測ると家のどこに電磁波が発生しているかがわかります。こうした道具器具を使いながら、電磁波対策をするのもおすすめです。

とにかく、使わない家電はソケットをコンセントから抜いておくことを心がける。「あまり寝つきがよくない」、「熟睡ができない」という人は、ひょっとすると寝室での電磁波事情が関係している可能性がありますので、寝るときは頭の周囲

にコードや家電がない環境をつくったほうがいいと思います。

また、もしブレーカーが各部屋に分散されているタイプの家でしたら、寝るときだけ寝室のブレーカーを落とすのも得策です。木造建築でなければほかの階の影響はないので、試してみてください。自然の状態で眠れるので、深い眠りが得られると思います。

Ｗｉ－Ｆｉや電子レンジ、電磁調理器、携帯電話などのマイクロ波に関して、Ｗｉ－Ｆｉは手のつけようがないので見逃すしかないそうです。電子レンジや電子ジャーなどをよく使う人は、使用中は家電製品から離れることが大切です。

ちなみに、携帯電話もなるべく耳から離して使い、持ち運びも身体から離して持つように父から言われています。

リスクはあるとはいえ、電気を使わずには生きていけません。使う以上、家電製品と上手につき合っていく。これがハーモニック・ライフスタイルです。

ハーモニック・ポイント❺

自分の身体の声にいつも耳を傾けよう

いつでも、どこでも、どんな場面でも、ハーモニック・ライフで向き合うのは「自分の身体の声」です。今、身体がなにを欲しているのか、どうしたいのかを素直に受け止めて、従うことをなによりも大切にしています。

「あっ、甘いものが食べたい」

体型を気にしている人には、「悪魔のささやき」と聞こえます。でも、食べたいのに我慢するその時間って、ストレスですよね。そして、食べたあとに、「ああっ、食べてしまった」と後悔していませんか？

せっかくのスイーツがそれではもったいない。「食べたい」と思うのも身体の声です。いっとき我慢して、後で爆発してドカ食いするよりも、その気持ちが出たときに消化してあげる。そうすれば、ストレスも後悔も感じることなく、必要な量だけで満足できます。そうやって頭で判断せずに、身体の声に従うのもハーモニック・ライフです。

また、その「食べたい」に対して、丁寧に向き合うことも大切です。やはり食材の質で満足度が変わります。味覚を刺激して満足させるために適当に甘いものを口にしてもあまり満足できないでしょう。さらに、白砂糖を使ったスイーツは中毒性があり、食べればもっと食べたくなる傾向があります。対して精製されていない砂糖を使ったナチュラルスイーツは、どんどん満たされていくので食べ過ぎることがありません。なので、わたしたちハモピはスイーツを食べること自体、罪悪感はなく、食事と同じように楽しみます。

それから、基本的に「甘いもの」、「しょっぱいもの」など、味覚を満たしたい欲求のときは、睡眠不足や疲労など、本当に食べたいことよりも別に理由がある場合が多いです。「あのケーキが食べたい」など、具体的なイメージがないなら、根本的解決にはならないので、まずは自分の生活リズムを見直すきっかけにしてみてください。

好き嫌いも身体の声

ここでは私の実体験をもとにお話します。私は小さいころから好き嫌いが多く、野菜は特に苦手なものが多かったので、「八百屋の娘が野菜嫌いなんて」とよく父に言われていました。でも、そう言いながらも「身体が欲していないなら、しょうがないな」と私の意志を尊重し、無理に食べさせようとはしませんでした。

対して母からは「なんでも食べられる子になってほしいから、一口は食べなさい」と言われたので、嫌々一生懸命に食べたりもしました。それがしんどくて、物心ついたころから食事の時間があまり好きではありませんでした。

そんな私にとって、最も苦手だったのが学校の給食でした。これは、「家で食べるごはんより美味しくない」という単純な理由で、いつも頑張って食べていました。

ところが、あるときから頑張っても食べられない、という状況になってしまいました。においを感じただけでのどが開かなくて飲み込めないのです。当時の担任の先生が完食させる教育方針の人だったので、給食後の休み時間も、掃除の時間も、5時限目が始まるまでもずっと残って食べていました。どうしても食べられないときは、口に含んで隠れてトイレで吐くという罰当たりなことをして完食しているように見せ、なんとか乗り越える日々を繰り返していました。

そのうちに、捨てる罪悪感も相まって「食べる」という行為が恐怖になってしまい、学校給食をきっかけに拒食症になってしまったのです。それからは給食だけでなく、大好きだったお菓子も、外での食事も吐いてしまって、一切受けつけられません。しかし、不思議なことに、母の手料理だけはのどが開き、ゆっくりであれば食べられました。お陰で、生きながらえたと思っています。しばらく学校に通えない日が続き、その状況に対して担任の先生が特別対応してくれました。残すのはダメだけど少なめに盛りつけるのは許してくれたのです。どうしても食べられないときは、周りの友達が代わりに食べてくれたりと助けてもらいながら、少しずつ食べられるようになり、給食への恐怖心が緩和していきました。

また、進級したことで担任の先生が代わり、その先生はタイプが違って「残しても構わないよ」と言ってくれる人でした。とても心が軽くなり、いつの間にか給食も食べられるようになりました。苦手なところは変わりませんでしたが、気がつくと拒食症は治っていました。

今はもう、食べることに対しての恐怖心は一切ありませんが、あのころの感覚は一瞬で思い出せるくらい身体に刻まれていて、今でも、どこかの学校の側を通ったときなどで給食のにおいを感じると苦しくなります。また、好き嫌いにおいても強制されなかった食材は大人になって食べられるようになり、それどころか好物になったりしましたが、嫌々頑張って食べた食材は今でも食べられません。

身体の声に逆らって、無理強いすることはこれほどまでにストレスをともない、暮らしの調和を崩すことになるのだなと経験を通じて強く感じています。

「自分の身体の声に耳を傾ける」ということはすごく自分を楽にしてくれると、つくづく思っています。

ハーモニック・ポイント❻

自分の自然治癒力を信じてみよう

ハーモニック・ライフは病院にも薬にも頼らずに、自然栽培の野菜たちのように自然の力で暮らすことを基本にしています。先天性の重い病気や急の大病、事故などによる大けがなどは仕方がないとして、そうではないとき、ちょっとした風邪でしたら、すぐに病院に行かずに、自分の自然治癒力を信じてみてはいかがでしょう。

病院で処方された薬のほかに、栄養剤やサプリメントを飲まれている人も多いと思いますが、自然栽培の野菜たちは肥料などなくても健康的にすくすくと育ち、とても美味しい味を私たちに提供してくれます。きっと、そんな野菜たちと同じ生き方ができると思うのです。なにより、私自身が病院にも薬にも頼らず、とても楽に暮らしています。

病気が治ったときのスッキリ感が好き

新型コロナウイルスが猛威をふるっていたときは、私もコロナ患者と同じような症状になりました。病院に行かないし、検査もしないので、コロナが陽性だったかはわかりませんが、おそらく感染していたと思います（私がかかった後に、父も兄も高熱を出していました）。

そのときも、いつものように身体を信頼してじっと時が経つのを待っていましたが、コロナは今まで一番苦しく大変でした。はじめて「無理だ、死ぬかも」と思った瞬間、意識が飛んで倒れ、身体が痺れて動かせなくなってしまって、それにはさすがに焦りました。でも、そのとき兄がそばにいて「大丈夫」と言ってくれたお陰で心が落ち着き、「絶対、大丈夫だ！」とそのまま身をまかせてじっとしていたら、1時間ほどで少しずつ身体が動かせるようになりました。倒れていたとき、身体の中ですごい速さでなにかが起こっているのを体感し、あのときほど、身体のことは身体に任せるのが一番と感じたことはありません。

また私は、風邪が治った後のスッキリ感がとても好きです。コロナは特に大変だったし、かなりデトックスもできたので、「超スッキリでコロナに大感謝！」と言いたいところですが、それを言うとハモピではない普通の人たちが引くので、あまり外では言えません。

こうした病気に対して「なにがあっても、絶対大丈夫！」と思うことで、気がつくと、病気以外のことでも自分の人生そのものに対しても心配せず、不安にもなることがない自分がいました。よく心と身体はつながっていると言いますが、身体に対して心配がないと、心と身体が共倒れすることはありません。

心になにか傷を負っても身体に影響がなければ人生は終わらないし、身体に傷を負ったときは身体を信頼しているので心が乱れることはありません。そんな身体との信頼関係のお陰で、「自分は絶対大丈夫」と安心して生きることが出来ていると感じています。

ハーモニック・ライフの「病院にも薬にも頼らない暮らし」は医療費を減らせるという話だけではないのです。暮らしている中で、自然と不安や心配がなくなり、いつの間にか今を生きやすくさせてくれます。

コロナ禍をきっかけに意識が変わった人が周りにいます。コロナにかかっても薬を飲まなかったそうですが、これまで感じたことのないほどデトックスされ、スッキリ感を感じたそうです。この感覚を共有できる人が増えて嬉しい限りです。みなさんもぜひ、試してみてください。きっとその感覚を知れば、薬が必要ないと感じるようになると思います。

ハーモニック・ポイント❼

数値や情報に惑わされないで

みなさんが気になるのは健康情報ではないでしょうか。新たな○○式健康法や○○ダイエットが登場してくると、ついつい飛びついてしまうのでは。私自身、まさにそのひとりでした。

私は、健康面は身体にゆだねるものだけど、体型は自己管理するものだと思っていたので、学生時代は食事や運動に気をつけて太らないように体型維持に努めていました。まわりからスタイルを褒められることが多かったことや、なにより母親がモデルだった影響で、将来モデルになることを目指していたからです。

完璧な理想のボディラインを求めて、糖質制限などのダイエット栄養学に沿って食事を決めたり、ボディメイクの専門のジムに通ったり、食事系から運動系とあらゆるメソッドに飛びついて体型をコントロールしていました。当時の私は、ハーモニック・ライフとは真逆の暮らしを送っていたのです。

もともと食事が好きではなかったこともあり、食事制限はまったく苦ではなく、筋トレも好きだったので、やれば体型は変わるし楽しくやっていました。けれど、次第に「ダイエットをやめてしまったら、どうなるんだろう」ととにかく不安で、少しでも太ればすぐに新たなダイエット法に手を出し、体型を監視する日々と化していました。

しかしあるとき、ハーモニック・ライフの価値観から見て、自分の行為は不自然だと思うようになり、ガチガチだったダイエット思考を捨てる覚悟を決めて身体の声を優先した生活に切り替えました。「そもそもなぜ太るのか」、「なにか特別なことをし続けなくても、自分が好きでいられるボディラインでいられないのか」という問いの答えを求めて、身体の探求をするうちにわかってきたのはシンプルなもので「自分にしか自分の身体を根本から整えられない」ということでした。今までいくらダイエットしても不安だった理由は、自分の感覚に落とし込まずに、メソッドとしてルール化して従っていたからでした。

今ではコントロールしなくても身体の声を聞いて動かせば体型は変わっていくことがわかり、健康面だけでなく体型面でも身体を信頼できるようになりました。

私自身、いろいろやったからこそわかったことで、試すことは大事なことです。でも、もっと大切なのは自分の感覚です。その経験で体感したことが自分に合っているかどうか、しっかり身体の声に耳を傾けてみてください。

心配の種を拾いに行かない

「闘おうとせずに受け容れる」を暮らしのスタイルにしているハーモニック・ライフでは、健康診断をなるべく受けない、もしくは受けてもあまり気にしないことをおすすめしています。病気と闘おうとしないのに、わざわざ闘おうとする材料を探すようなものですから。

実際、診断を受けていろいろ数値が出てくると、どうしても気になってしまいます。特に、自分の数値が平均値の下だったり、上だったりで赤くマーキングされてくると、「もしかしたら病気なの？」と思ってしまうでしょう。その上、担当の医師から、薬を処方される。

しかし実際は、第2章でお伝えしたように平均値の数値はそのときどきで変わってきますし、担当の医師が別の人だったら、「問題ない」で済んでいたかもしれません。そうした数値にいちいち惑わされるより、「自分の身体の声に耳を傾ける」ほうがいいのではないでしょうか。

ハーモニック・ポイント8

自分だけでなく、地球にとっても優しい

ハーモニック・ライフを実践することは、エコな暮らしを実践することにもなります。

まず、自然栽培は地球環境に負荷をかけない農法です。それを消費者として支持することで、農薬や肥料を使って地球環境に負担をかける土地を減らし、自然栽培の農地の割合を増やして環境保全を支えることができます。なにより、自然栽培の食材を中心に料理をすると、丸ごと食べられるので生ゴミが減ります。

また、自然栽培の野菜は日持ちします。一般栽培や一部の粗悪な有機肥料を使った有機栽培の野菜が早い段階で腐って捨てるしかないのに、自然栽培の野菜は

いつまでも美味しい状態を保ってくれます。たとえ日にちが経って枯れてきても、ほとんど捨てるところがないし、無駄にすることもない。ハーモニック・ライフでは、フードロスを気にする必要がなくなります。

脱化学物質の暮らしは環境を破壊しない

化学物質を取り込まない住環境を整えようとすると、無垢の材木や土壁、植物由来の畳や襖、障子と自然なものに囲まれることになります。こうした自然の部材は、季節に応じて適度に温度や湿度を調整してくれる天然のエアコンディショナーなので、家電をフル稼働する必要がなくなり、省エネになります。

家で合成洗剤を使わなくなると、合成洗剤を排水しなくなりますし、マイクロプラスチックの入った柔軟剤も使いませんから、海に暮らす生物たちへの悪影響もありません。

ハーモニック・ライフは自然と調和する暮らしです。自然と共生しながら心地良い暮らしを模索するのですから、自然を大切にし、守っていかないと成立しないのです。

ハーモニック・ポイント❾
暮らしを引き算していく

ハーモニック・ライフが目指すのは、シンプルな暮らしです。

それは、断捨離してものが少ない暮らしをすることや、田舎暮らしをしようというものではありません。自分の身の周りを見たときに、それが自然、それとも不自然かを見極め、不自然と思われるものは引き算していくという暮らし方です。

繰り返しますが、自然のものが身体によくて、不自然なものが身体に悪いという「善悪論」ではなく、そもそも人工物という不自然なものは自然界に存在せず、自然の一部である私たち人間が本来取り入れるものではないという判断での選択です。

その意識の上で、身体に不自然なものを取り込まないよう、食品では肥料や農薬を使っていないか、添加物が入っていないかをチェックします。生活雑貨では歯磨き粉や洗剤に合成界面活性剤が入っていたら、使うのをやめる。肌に接する下着や服では、化学繊維のものを減らしていく。室内の家具、カーテン、カーペットからは化学物質が揮発するので、できるだけ化学物質を使っていないものを選ぶようにする。

こうして暮らしを一度リセットして見直してみると、本当に自分が必要なものが改めて見えてきます。そうして次第に、自然と調和した暮らしが描かれるでしょう。

ハーモニック・ポイント⑩

暮らしを変えるのはあくまでも自分のペースで

暮らしを変えるのは大変なことだと思います。毎日、繰り返す習慣が積み重なって、自分らしい暮らしが出来上がっているので、その一つひとつを見直すことにもなります。変えようとするにはちょっとした決心やエネルギーが伴います。

だから、いっぺんになにもかも変えようとはせずに、まず自分にとって興味が持てるところや、日頃から「どうにかしないと」と問題意識を持っていたところから変えてみる。変えて、向いていないと思えば、また戻せばいいのです。「〜ねばならない」というものは一切ありません。自分が納得して広げていく暮らし方です。もしその心が乱れたら、一度立ち止まってみるのもいいでしょう。

ただ前提として、ハーモニック・ライフは、人間の常識やルールの前に地球上のいち生き物として、守るべき約束事を尊重します。その約束事を守るポイントは、不自然な異物を取り込まないこと。そして入れてしまったものは速やかに排泄できる自分をつくることです。そして病気も排泄能力の現れであることを忘れないでください。

それを踏まえながら、自分のペースで、自分のバランスでゆるりと始めてみてはいかがでしょうか。

第4章
暮らしを楽しむ
ハーモニック・ライフ・ピープルのはなし

河名結以

「エンゲル係数が倍に。でも暮らしの満足度は倍以上に」

ハモピ歴9年の木村さんファミリーの場合

ハーモニック・ライフを楽しんでいる人たちの暮らしぶりを、私、結以がのぞかせてもらいました。

1組目は横浜市に住む木村さんファミリー。学さんと智美さんはファッションの会社に勤めている共働きで、ふたりの間には小学校3年生の娘さん、あおいちゃんがいます。

木村家でハーモニック・ライフが始まったのは、あおいちゃんが生まれた9年前からです。ちょうど重なるように、智美さんのお母様が病気になられ、ご自身も健康診断で数値が引っ掛かるということがありました。智美さんはそれまで以上に身体の健康を真剣に考えるようになり、「やっぱり食べるものが大切」とネットで検索し、信用できそうな店から試しに自然栽培の野菜を購入しました。

すると、安心して食べられること以上に、野菜の味が濃くて、美味しいのに驚いたそう。継続的に自然栽培の野菜を買うようになり、合わせてお米や調味料、お菓子なども次々に自然栽培系に替え始めました。1年ちょっとで、すっかりハーモニック・ライフに変わったそうです。

ただ、自然栽培系はスーパーで売っているものに比べて高めです。家計の支出に占める食費であるエンゲル係数も倍に跳ね上がりました。「でも、健康には替えられない。長い目で見たときの投資のひとつととらえることにしました」と智美さんは話します。

戸惑ったのは学さんです。暮らしぶりがどんどん変わっていくものの、家事全般は智美さんにお任せです。「とりあえず、置いてけぼりにならないよう、必死についていきました」と言う学さんは仕事をしている平日のお昼、ひとりの時間は自分の好きなものを食べていましたが、だんだん美味しいとは思わなくなった。「どうやら自然栽培の食材で舌が鍛えられ、美味しいとまずいに敏感になったようです」。

今はひとりのときも食材にこだわったお店を選ぶようにしているそうで、すっかりハモピ（ハーモニック・ライフ・ピープル）になっています。

学校選びの決め手はお弁当を持っていくこと

そんなふたりに育てられたあおいちゃんは、私と同じ自然栽培的育児キッズです。でも、通っている小学校がお弁当持参のところとか。

元々は家の近くにある公立の小学校に行かせるつもりだったようですが、智美さんは給食のことが気がかりでした。「できれば、自分がつくったお弁当を持たせたほうが安心」。そこで、私立でお弁当持参の学校を探し、お受験したそうです。

「好き嫌いはほとんどない。食べることが大好き！」と笑顔であおいちゃんは答えてくれます。

ただ、あおいちゃんでもおかずを残すことがあります。外食をしたときに、つけ合わせで出てきた野菜。「普段、美味しい野菜を食べているので、口に合わないんでしょうね」。そう話す智美さんは、あおいちゃんの中でしっかりとした味覚が育まれていることを喜んでいます。

ときには、学校の友だち同士で、家では買わないお菓子を分け合って食べたりしているようですが、智美さんはあまり細かいところまで口を出さないように心がけています。

「１００％は無理。自分たちでできることをやって、それで満足しています」

ハーモニック・ライフを肩肘張らずに無理なく楽しんでいる。そんな自然体の木村さんファミリーでした。

ハモピ歴15年の溝口恵子さんの場合

「何歳からでも、暮らしは変えていけます」

溝口恵子さん（65歳）の肩書は「自然栽培料理家」。川崎市のご自宅で自然栽培の野菜を使った料理教室を開き、親と子を対象にした講演も行っています。自然栽培の世界で料理研究家を名乗るのはおそらく恵子さんぐらい。自然栽培の知識も経験も豊富です。

ご自宅に伺うと、着心地のいいオーガニックコットンのワンピースを着た恵子さんが現れました。髪は染めていないし、ノーメイクで、ハーモニック・ライフを自然にこなしていらっしゃる。通されたリビングは料理教室やセミナーを行う場所で、ご自分で張り替えたという床は、新月伐採《しんげつばっさい》のスギを使っています。木の栄養水が少ない時期に伐採して長期間天然乾燥させたもので、素足で歩くと気持ちがいい。「以前は合板だったので、気の流れが変わったわよ」とのこと。南向きの窓にはカーテンの代わりにヘンプの布がさりげなく吊るされており、とっても居心地がいい空間です。

キッチンに立っている恵子さんはなにやらつぶやいていています。耳をすますと「今日はこの子をどう生かして、なにをつくろうかしら」。料理前のルーティンである、野菜との対話が聞こえてきました。

そんな恵子さん、これまでの人生がもう多彩です。パリやミラノのファッションショーを制作する仕事をした後、イベント制作会社で様々なイベントを手掛けたり、作詞家としてミュージシャンに詞の提供もしていました。当時はバブル絶頂期。東京・表参道に住んでブランド物を身につけ、もちろん、お化粧もしっかりされていたそう。「自炊なんてしたことはない。外に行けば美味しいものだらけだったんだから」。

結婚し34歳のときに娘さんを出産。生んで1か月後に仕事に復帰する予定でしたが、生後5日目に娘さんが病気で大きな手術を受けます。手術は無事成功しましたが、ここで恵子さんの意識が大きく変わりました。それまでのキャリアを捨て、仕事を辞めて子育てに専念する道を選んだのです。

娘さんに初めての離乳食を与えたときのこと。自分でつくったおかゆをひとさじ、口に運んだときに背中に電流が走ったそうです。

「このひとさじがこの子の身体をつくっていくんだ」。初めて食に関心を持ち、料理をするようになりました。

家で出すものはすべて手づくりとなり、パン教室に通ってパンもマスター。ふたり目の娘さんを生んだ39歳のときに「手づくりパンとお料理」の教室を始めました。幼稚園のママ友が100人以上集まるなど、たちまち人気になりました。

もうすぐ50歳を迎えようとしていたあるとき、書店で父が書いた自然栽培の本を偶然手にし、自分がまったく知らない世界があることを知ったのです。

本を手にしてから、一気にハモピへ邁進《まいしん》

自然栽培のニンジンを初めて食べた娘たちの「なにこれ？　ニンジンなのにすごく甘い、美味しい！」というリアクションを見て、ある決心をしました。その後の展開が実に早い。キッチンにあるものをすべて処分して、食材と調味料を自然栽培系に総取っ換えしたのです。

「食べ物が変わると、いろんなことに違和感を覚えるの」と、身に着けるものはオーガニックコットンか天然素材に換え、シャンプーとリンスをやめ、洗濯洗剤をやめて、大好きだったという香りの強い柔軟剤もゴミ箱行きに。かつてバリバリにしていたメイクもやめました。

今はふたりの娘さんも独立し、ひとり暮らしを満喫していらっしゃいます。そして、「何歳からでも、暮らしは変えていけるわよ」と私に教えてくれます。

「美味しい食事と自然素材の心地よい空間を大切にしています」

ハモピ歴13年の島田ご夫妻の場合

横浜市にある、築50年以上は経っていると思われるヴィンテージマンション。でも、建物や周囲はきれいに整えられ、古ぼけた感じはしません。目的のフロアに上がってドアを開けると、室内はフルリノベーション。まるでインテリア雑誌に載っているようなオシャレな空間が広がっています。間接照明に誘われながら、リビングに向かうとパッと明るく、マンションの隣にある森の緑が窓越しに飛び込んできます。

思わず、「すてき。こういうところに暮らしてみたい」と思ってしまう。ここは島田雄太さん（39歳）と繭子さん（41歳）ご夫妻のお宅です。

雄太さんはインテリアデザイナーで、自身でインテリアデザインの会社を営んでいます。ご自宅はおふたりでデザインされたとのこと。繭子さんはナチュラル・ハーモニーの商品部の担当で、気になる商品があると実生活で使って試してを繰り返し、いわば趣味で暮らしながら実験しているそう。商品の選定も自分自身が使いたいと思うか、という目線を大切にされています。

繭子さんは学生時代、木工デザインを勉強されていて、20代にドイツに留学されたそうです。すると、「小さな街にもすてきなオーガニックストアが身近にあって、商品の種類の多さにも圧倒されました」と目をキラキラさせながら、当時を振り返ります。

幼いころから食べることが大好きな繭子さんにとって、本物の食を追求しているオーガニックフードはとても魅力的に映ったようです。3年弱の留学期間中は、知り合った人たちも自然派の方が多く、オーガニック・ライフを思う存分に楽しみました。

日本に戻ってきて、ドイツで学んだ自然な暮らしを模索している中、ナチュラル・ハーモニーの存在を知って、最初はアルバイトとして入ったとのこと。それが13年前のことです。働きながら、良さそうなものは家でも使い始め、気がつくと、おふたりのハーモニック・ライフが始まっていました。

一緒に暮らす雄太さんは、自然栽培と聞いて「当初は堅苦しい印象を受けました」と語ります。でも、実際に暮らしに取り入れられていくうちに、あまり違和感がなくなったそう。「とにかく、野菜が単純に美味しい。美味しいものが増えていくことは大賛成でした」。

「細かなことは気にしなくなってきた」

20代のころ、繭子さんは少しストイックなところがありました。

雄太さんは、家では自然栽培中心の食事をしていますが、外ではときどきハンバーガーを食べ、コーラを飲む。「暮らしをハイブリッドで楽しんでいるんです」と説明します。以前、繭子さんはそうした雄太さんの食生活がどうにも気になっていました。

でも、そうした心配は次第になくなっていったそうです。

「よい食や空間に囲まれていても、心が伴っていないと健康的ではないと思ったんです。そう思ったら、あまり気にならなくなりました」

最近は、外食をしなくなったとのこと。「家で食べるのが一番リラックスできて美味しいので、わざわざ外に出ていく必要がないんです」と口をそろえます。

お友だちを呼んだホームパーティをご自宅でよく催しているようで、来るお客様は必ず「居心地がよくて、食事が美味しい」と感動してくれる。それが「なにより嬉しい」と言います。

「母の死をきっかけに、ハーモニック・ライフの本質を知りました」

ハモピ歴27年の河名結以の場合

最後に私、結以から、今まで触れてこなかった母との話をさせていただきます。

これまでお伝えしてきた通り、私は生まれたときから自然栽培的育児で育ちました。私の家庭が他の家庭と違うということは幼いころから感じていましたが、特に不満なく暮らしてきました。

だんだん自我が出てくるようになると、周りの子がうらやましいと思うときもありましたが、母がゆるいタイプだったので、某チェーン店のおもちゃのためにハンバーガーを買ってくれたり、サラサラになる市販のシャンプーを試させてくれたりと「これはパパに内緒だね」などと言いながら楽しく過ごしていました。

我が家は父の考えを尊重する家庭でしたが、今思い返すと、あまり家にいない父のことを母がいつも立てて私たちに接していたことや、父が休みの日はいつも私たち優先でいてくれたことが、父の声をすんなり聞き入れていた理由なのではないかなと感じています。

また、両親がお互いの文句や悪口を言っているところを聞いたこともありませんでしたから、とにかく幸せな子ども時代だったと思っています。

一方で、我が家には大きな問題がありました。母が出産後から極度の潔癖症になってしまったのです。母にとって菌はとにかく恐怖の存在で、いつも部屋中を拭いて除菌をしていて、それは年々エスカレートしていきました。唯一の救いは、その症状は家の外ではまったく起きないことで、母が潔癖症だと打ち明けない限り、周りは気がつかないくらい普通だったことでした。

菌と共存したい父としては、母の潔癖症は苦しいものでしたが、母自身も自覚し、やめられなくて苦しんでいることがわかっているので、否定することなく

「いずれそれもなくなるよ、それまで待ってあげようよ」と受け容れ、家族みんなで協力し合い、解決の道を探っていました。

そんな日々が続いたあるとき。母が咳をよくするようになりました。心配した母の友達に病院に連れられ、アレルギーかなにかかと思って検査したら、まさかの肺ガン末期でした。末期も末期で、医者に「なぜ今生きているのかわからない」と言われたほどの大きなガンでした。

検査をするまでは、特に普段と変わらずモデルの仕事をしていたのに、末期がんと宣告を受けてからはみるみる衰弱して、その1年半後に息を引き取りました。享年57歳。私が23歳のときでした。

医療に関わることなく、枯れるように亡くなった母

お医者さんいわく、ガン細胞が大きくなるスピードから逆算すると、母のガン

が発症したのは20〜25年前ごろだそうで、母はその長い間、結果的にがんとは闘わず、共存した人生を送り、通常よくあるガンの転移もありませんでした。

驚いたのは、発症したのはまさに潔癖症が始まった時期と重なっていたこと、そしてさらに、亡くなる5日前に、あれだけの潔癖症がさっぱり消えたことです。私はそこから回復していくのではと期待していましたが、想い叶わず。ですが、心が解放されて天に召されたことは、私たち家族のせめてもの救いでした。

母は医療に関わることなく、枯れるように亡くなったので、父は同じガンを患った壮絶な姉の死と母の死を体験して、たとえガンにかかってもライフスタイルの違いでこんなにも結末が変わってくるんだと感じたようです。

しかし私は、病気で死んだという事実がどうしても納得できず、「自然栽培のものを食べていて、みんなから愛されていた人が、なぜ死んでしまうんだ」と、とにかくショックでした。そこから、まだ自分が見えていない真理を知るために、自分なりの「自然との調和」の追求が始まりました。

そうしてわかったのは、「自分の声を聞く重要性」でした。

母の毎日は潔癖症の影響で、それは大変なものでした。誰よりも早く起き、誰よりも遅くに寝て、睡眠は短時間。しかも熟睡しないようにするためにソファで雑魚寝《ざこね》の毎日。掃除、洗濯、料理など家事全般は他の誰にも頼めず、常に時間に追われる日々を送っていました。

さらに母は「私さえいなければ家族みんな幸せでいられるのに、私の潔癖症で迷惑をかけて申し訳ない」といつも私たちに謝っていました。私たち家族はそんなことは思ったこともないし、母がその妄想から解放されることだけを望んでいましたが、母はいつも自分を否定し、苦しんでいました。

私たちがいくらなにを言っても頑固者の母は「菌を絶対家に入れない」ために、身体を酷使していました。「休みたい」、「ゆっくり寝たい」、「もう潔癖をやめたい」といった「本当はこうしたい」という自分の声を尊重できず、自己否定と暮らしの乱れで、自分で自分に苦しい状況を常に課していたのです。

とにかくやらなければならないことをこなす日々。「その場しのぎの安心感」を優先し、身体を犠牲にしていました。

身体からのサインはきっと何度もあったはずなのに、潔癖症という強迫観念に迫られてどうすることもできなかったんだと、母の身体との向き合い方を見て思います。

残念ながら母は亡くなってしまったけれど、身体との向き合い方を身をもって教えてくれたと感じています。私自身、自分のダイエット思考に従い、食べたいけど食べないなどの「本当はこうしたい」よりも「痩せることの安心感」を優先していたので、不安や不満が生まれ苦しんだ時期を長く過ごしました。

五感や直感に素直に従っていましたが、欲求や感情には蓋をしている方が生きやすいと思い込み、頭で抑え込んでいたのです。しかし母のお陰で、すべての自分の声が大事であると気づき、自分を尊重できるようになりました。そして「自然との調和」の本質をようやく理解できるようになったのです。

自分の声に耳を傾けて、生きていきたい

最後に、わたしたち家族の選択が善いとか悪いというつもりはまったくありません。医療にかかってはいけないという話でもありません。

基本的にハーモニック・ライフスタイルはなるべく自然に沿って生きようというもので、制約もなく自由です。そして病気になって苦しまない人生プランであり、心配事があっても心までは傷つけない生き方です。

制約もなく自由ですが、ただ食事や生活習慣に自然界の命の仕組みや摂理を取り入れていく前提の自由で、その結果、起きることに対してはそれぞれが責任を持って判断すればいいことだと思います。

実際、定期的に検査していれば助かったかもしれないという声もあると思います。

しかし、早期に発見されたとしたら治療行為で身体が傷つき、もっと早くこの世を去っていたかもしれません。ちょうど同時期、親戚に肺がんが見つかり治療に及んだものの、あっという間に亡くなったケースもありました。もしがんの宣告を受けなければ、母はまだ生きていたかもしれません。正解がないからこそわからないし不安だと思います。だけどいつも自分の声に耳を傾けて、私は生きていきたいです。

おわりに

お互いを尊重できる社会の創造に向けて

想い起こすと、自然栽培の世界観を知って半世紀近くなりました。

もし、その世界を知らなければ、今の僕はいなかったでしょうし、おそらく思春期に味わった姉の壮絶な死をひきずりながら、病気に対する恐怖心をいつも抱え、検査や人間ドックの数値を気にしながら生きていたことでしょう。

姉は20歳でその短い生涯を終えましたが、そのときの両親の悲しむ姿はかなりインパクトがありました。僕自身の将来についてもそうですが、もし与えられた自分の子どもが両親のように自分より先に、それもたった20年でこの世を去ってしまうなんてことが起きたら……。そんないたたまれない想定不安や恐怖心がいつも心の中にありました。

そんな境地を吹っ飛ばしてくれたのが自然栽培の世界観でした。

そして自然栽培のメカニズムが自分の人生にも当てはまるのかどうか、毎日が挑戦と実験の連続でしたが、日を追うごとに手応えを感じ、それは確信に変わっていきました。そして与えられたふたりの子どもに実践してみた自然栽培的育児。

試行錯誤を繰り返しながらもふたりは大きな病に侵されることなく、自然栽培の農作物と同じように一切の薬を必要とすることなく、無事姉が果たせなかった20年の人生を超えることができたとき、親として、本当に安堵したことは今でも忘れません。

そのふたりも現在は自然栽培を、そしてそこから学んだハーモニック・ライフスタイルを世に伝えていきたいと私の会社ナチュラル・ハーモニーでともに汗を流しています。さらに、この本がその娘との共著となると喜びもひとしおです。

近年、自然栽培も時代とともに認知が進み、以前よりは市民権を得た感覚があります。今までアカデミックな世界とはあまり接点がありませんでしたが、最近では土壌物理学の分野や農業経済学の分野で活躍される様々な専門家から自然栽培の優位性を語る論文が世界に発信されるような時代を迎えています。自然栽培を実施する生産者も着実に増えてきており嬉しい限りです。

ただ僕はこの自然栽培というものを農業だけの話ではなく、人間の生き方としてのライフスタイル論として多くの方々に生かしてもらいたいと考えていましたので、その意味でも今回の本の出版は、自然栽培から学んだ自然との調和に沿ったライフスタイルを表現するチャンスでもあり、その場を与えていただいた河出書房新社さんには感謝の気持ちでいっぱいです。

本書では「自然か、不自然か」というキーワードが幾度となく出てきますが、自然栽培から学んだ命のしくみから、今の私たちの生活をよくよく観察してみると、「なんか無理があるなぁ、そこまでする必要ってあるの？　それって無駄じゃない？」と自然の流れにそぐわないことは結構あるものです。

そんな観点で、口に入れるものだけではなく、身に纏うもの、日々使う生活雑貨、住む空間など衣食住全体を見つめ直してみると、様々なシーンで不自然なものやことが見えてくる。それを無理のない自然に順応したライフスタイルにできるところから変えていこう。それが、僕が描くハーモニック・ライフスタイルのスタンスです。

「それって、特別な人たちがすることなんじゃない？」と思われがちですが、それは特別なことでもなんでもなく、生命を優先するか経済効率を優先するかの違いなんです。今や一般的となったＳＤＧｓの視点から見ても、自然に順応した生活に変えていくことは結果的に自分を、そして地球環境を守ることにつながるのではないかと僕は考えています。

今回は、ハーモニック・ライフ・ピープルとしてハーモニック・ライフを取り入れている方々にも登場していただきました。協力してくださったみなさん、ありがとうございました。

また常識の壁を打ち破り、一歩踏み出してくださった勇気ある自然栽培の生産者のみなさん、そしてその生産者を支えてくださる消費者のみなさん、また、自然栽培全国普及会における普及活動に尽力してくださった高橋博さん、自然に順応した医療のあり方や天然菌発酵食品の開発など幅広くご指導いただきました三好基晴先生に、あらためて感謝申し上げます。

最後に、この本の出版を通じ、ハーモニック・ライフスタイルがより一層広がって穏やかな人生を送る人が増えていきますように、なにより存在しない恐怖なるものから解放され、これ以上心を痛めることのないように願ってやみません。そして地球上のすべての生命が響き合いながら、お互いを尊重できる社会が創造されていくきっかけにこの本が少しでもお役に立てれば、こんなに嬉しいことはありません。

２０２３年10月　河名秀郎

河名秀郎（かわな・ひでお）

1958年東京生まれ。肥料も農薬も与えない自然栽培に魅せられ、食品を中心に暮らし全般を扱うライフスタイルショップを経営。自然栽培から学んだ「ハーモニック・ライフスタイル」を考案し、その楽しさを発信する。『世界で一番おいしい野菜』（日本文芸社刊）、『ほんとの野菜は緑が薄い「自然を手本に生きる」編』（日経BP社刊）など著書多数。

河名結以（かわな・ゆい）

1995年東京生まれ。河名秀郎の長女として自然栽培から習得した「自然栽培的育児」で育ち、「ハーモニック・ライフスタイル」を実生活で体現する。その経験や実践方法を広く伝えていこうと父との共著にまとめた。

構成／佐藤俊郎

扉イラスト／秋山洋子
本文デザイン・DTP・装丁／尾崎文彦・目黒一枝（tongpoo）

ハーモニック・ライフスタイル
今を生きやすくする、自然と調和した暮らし方

2023年10月20日初版印刷
2023年10月30日初版発行

著　者　　河名秀郎　河名結以
発行者　　小野寺優
発行所　　株式会社河出書房新社
〒151-0051　東京都渋谷区千駄ヶ谷2-32-2
電話　03-3404-1201（営業）
03-3404-8611（編集）
https://www.kawade.co.jp/
印刷・製本　図書印刷株式会社

Printed in Japan
ISBN978-4-309-29342-4